# たった一人、ヨットで南極に挑んだ日本人
# ブルーウォーター・ストーリー

BLUE WATER STORY

片岡佳哉

PROLOGUE

# 序・最果ての海で

吹雪のやんだ、白い午後。

入江に浮かぶヨットから、海に上半身を突き出した。凍りかけて指の切れそうな海水に、ぼくは両腕を突き入れて、氷山の破片を引き上げる。ガラスのように透明な、重さ一〇キロ近い塊だ。

デッキの上でツルハシを振り下ろし、氷を小さく割って鍋に詰め、灯油バーナーの上に置く。海岸の清流は凍結し、飲み水を得るには氷を溶かすほかにない。

南極に着いてから、すでに一か月が過ぎていた。白い光と氷に埋もれた最果ての世界では、週五〇分の割合で昼が短縮し、海は凍り始めている。急いで脱出しなければ冬が来て、暗闇と氷に閉じ込められる。それくらい、ぼくはもちろん知っている。だが、連日の吹雪に阻まれて、ヨットは北に戻れない。

頑丈な大型船か砕氷船で行くのが常識の南極に、全長七・五メートルの小さなヨットで達した記録は過去にない。スポンサーも付かず、十分な資金も装備もなく、たった一人で挑戦することを、無謀で命知らずと皆は言った。

　ぼくは二度と故郷を踏めず、極寒の海で凍るのか。

白い光で満ちた冷気の中、薄氷が張った水面に、黄色いゴムボートを投げ下ろす。防水手袋をはめて二本のオールを握ると、ドラム缶ほどの浮き氷を一つ一つ避けながら、岸に向かって漕《こ》いでいく。数分で岩場に達すると、斜面を這《は》い登り、丘の上に立ち上がる。雪嵐の一休みした空の下、息をのむほど広大な、南極のパノラマが開けていた。

　一〇〇キロ先もクリアに見える、水晶のように透明な空気。その中にそびえ立つ、険しい氷の峰々と、青い蛍光色に染まった氷河の絶壁。冷えきった灰色の海に目を移すと、異世界のように荒涼として、純白の氷山が並ぶ。

　ぼくはどうしてここにいるのか。これは夢だろうか。なぜ、ひとりぼっちで町を飛び出し、遠く寂しい地球の果てに……。

　故国を離れて費やした五年の歳月、二度と戻らない青春の時間、資金稼ぎのために寄港地で働いた日々も、目の前の景色と引き換えなら、惜しくはなかった。

　命と交換でも、悔いはない。

## 第一章 海という原野へ


Episode 01 夢のかけあし……10
Episode 02 初めて知った海、太平洋……20
Episode 03 不思議な老ヨットマン……24
Episode 04 貿易風の流れる海で……28
Episode 05 赤道で見た赤線を越えて……32


## 第二章 魔物のすみか、チリ多島海


Episode 06 多島海の門、潮波の海峡……40


CONTENTS

## 第三章 誤算の南極 氷海前進


Episode 21 光の国へ……114
Episode 22 輝く諸島……128
Episode 23 白銀のリング……132

Episode 07 引き潮の町から荒野の海へ …… 44
Episode 08 青い別世界に染められて …… 48
Episode 09 秘境の島、ダーウィンの気配 …… 52
Episode 10 迷い込んだ暗礁地帯 …… 56
Episode 11 氷河の青いスクリーン …… 60
Episode 12 物々交換の村 …… 64
Episode 13 未知の惑星を旅するようだ …… 70
Episode 14 ウィリウォウ …… 74
Episode 15 消滅した航路標識 …… 78
Episode 16 烈風のマゼラン海峡を行く …… 82
Episode 17 平穏な海の落とし穴 …… 86
Episode 18 水没した山々の海で …… 90
Episode 19 氷河と嵐の水道 …… 94
Episode 20 ホーン岬上陸作戦 …… 98
Episode 24 火の島 …… 136
Episode 25 白い幻影 …… 140
Episode 26 幻のドーム …… 144
Episode 27 赤い廃墟 …… 148
Episode 28 青白い密室で …… 152
Episode 29 嵐の予兆 …… 156
Episode 30 悪夢の小湾 …… 160
Episode 31 パラダイスという名の地獄絵 …… 176
Episode 32 氷海の彼方へ …… 186
Episode 33 基地は越冬態勢に …… 190
Episode 34 美しさという資源 …… 194
Episode 35 もはや幸運を祈ることしか …… 198
Episode 36 絶対に勝ってみせる …… 202
Episode 37 南極脱出の試み …… 206

（これは実話です。）

第一章

# 海という原野へ

Episode_03
サンフランシスコ
Episode_04
Episode_05
南太平洋
チリ多島海
ホーン岬

Episode_02
コース
仙台
Episode_01
北太平洋
赤道

# 夢のかけあし

アポロ宇宙船で人類が月に達する二年前、ぼくが中学生のとき、放課後の教室で友達が言った。

「魚って、本当に海にいると思う？」

岩手富士と北上川を見て育ったから、遠い海のことなど分かるはずもない。生まれ故郷の盛岡と海は、北上山地で隔たっていた。

その山々を貫く五三個のトンネルを、黒煙を吐く汽車で通り抜け、両親と海水浴に出掛けたことはある。小学生のとき修学旅行で、水族館を見た記憶も残っていた。

「海に魚がいるのは常識だ！」

ぼくは友達に向かってそう叫ぶ。でも、海で泳ぐ魚を実際に自分の目で見たことは、ただの一度もなかった。

「見てないなら、本当のことなんて分からないさ。もしかすると魚屋で売っている魚はね、どこかの工場にある機械から、どんどん出てくるのかもしれないよ」

全く彼の言うとおりだ。なんて賢いやつだろう。大変なことに気づいたものだ。自分で確かめてもいないのに、真実と断言できるわけがない。たとえば学校で地球は丸いと習っても、それは絶対正しいのか。教える先生だって人から聞いたか、本で読んだきりなのだ。月に行って地球を見るか、船でぐるりと一周しなければ、本当のことは分からないに決まっている。


大学生になって、蛇行する広瀬川と青葉山の町、七夕祭りが盛んな仙台に住んでも、ぼくは海を知らなかった。

真夏のまぶしい昼下がり、焼けつく浜辺で貝を拾ったことはある。冬の冷たい嵐に白く泡立つ海も見た。仙台は、海まで遠くない町だから。

日曜の午後、サンダルを履いて下宿を出ると、一五キロ離れた海を目指し、なぜか走るように夢中で歩き始めていた。でも、二時間ほどで小さな港に着いたとき、それより先には一歩も行けなくて、サンダルの下にコンクリートの岸壁があるばかりだ。

「ぼくの前には際限のない海が広がるのに、どうして陸の縁で立ち止まっているのだ」

海岸から見た海は、海の端にすぎないと、本物の海はもっと先にあるのだと、そのとき直感したのかもしれない。いったい、海って何だろう。地球表面の七割を占める広大な世界には、どんな未知と、驚きと、はるかな太古の記憶が待っているのだろう。

釣り道具屋を訪ねると、ぼくは安物のゴムボートを手に入れた。常識外れにも、その小さなオレンジ色のボートを漕《こ》いで、海原に出発できそうな気持ちがした。

「あんパンと缶ジュース、高校の地図帳も積んで、あとは財布があればよいだろう。漕ぐのに疲れたら一休みして、夜は星を見ながら寝ればいい。手始めに、近くの島まで行ってみよう」

梅雨明けの海水浴場で、ゴムボートを試すことにした。砂浜にペシャンコのボートを広げてホースをつなぎ、空気ポンプを二〇〇回以上も足踏みすると、ようやく舟の形が出来上がる。買う前に店の中で見たときは、あんなに大きかったはずなのに、それはずいぶんちっぽけで、少し頼りない気持ちがした。でも、二本のオールを付けると熱い砂の上を引きずって、張り切りながら海に入る。さあ、いよいよ試運転だ。なのに、次々と寄せる波にもまれて、ボートはなかなか進まない。それどころか波が来るたびに大きく揺れて、今にも転覆しそうで怖いのだ。ゴムボートはなぜかフニャフニャで、オールに力が入らない。やっと進んだボートを風が吹き戻す。漕いでも、漕いでも、疲れるばかりだ。こんなでは、海原に出られるわけがない。

風はゴーゴーとヒューヒューがまざる強さで吹いていた。冬の星座が頭上一面に瞬く闇夜の海を、ヨットは波の山から谷へ、谷から山へ、飛沫《しぶき》を上げて突っ走る。真っ黒な、決して紺色っぽくない本物の闇に、赤や緑の灯台が、キラリ、キラリと、発光ダイオードのように点滅した。仙台湾を吹く季節風は、さらに勢いを強めている。灯台の方位を測定すると、強風用の小さなストームジブに帆を替えた。

ゴムボートの失敗から一年半後、ぼくはヨットを始めていた。六人乗りクルーザーを買った大学職員のグループが、手伝いの見習いクルーとして、仲間に入れてくれたのだ。

平日の晩はヨット教本に熱中し、休日は海に呼ばれるように港に通い、操船の技術と知識を習得する。ヨットの専門用語をいくつも覚え、センチ単位でロープを引く帆の操作、海図やコンパスを使う航海術、足船（上陸用ボート）のいろいろな漕ぎ方も練習した。見るもの聞くもの、生まれて初めての体験ばかりだ。砂漠の照りつける太陽の下、水筒の水をゴクゴクと飲み込むように、ぼくはヨットを覚えていった。

港には、さまざまな人が現れる。魚釣りの名手、海に魅せられた老社長、船の故障を何でも直す公務員、ダイビングが得意な勇ましい女性も出没する。週末の晩はヨットで皆と酒を飲みながら、夜半まで話は尽きなかった。暗礁に乗り上げた失敗談、嵐、凪《なぎ》、海鳥や潮流の話……。陸の上しか知らないぼくの前に、ぱあっと新しい世界が広がった。

夏休みにはヨットの先輩たちと、二週間ほどの船旅に出た。見回す限り一面の青いディスクになった海。波間にキラリと光る銀色のトビウオ。頬を痛いほど打つ白い飛沫。水平線に燃える、異世界から来たような巨大な太陽。ああ、どれもこれも陸の上とは違っている。新世界に踏み込んだ驚きと幸福感に酔っていた。夢中だった。

海は、ぼくの心を両手で握り締めた。おそらくその数万分の一を見ただけで、ぼくは海のとりこになった。まだまだ知らない想像を超えた驚きが、海には存在するだろう。地球には、いろいろな大陸があるように、きっといろいろな海もある。

ヨットの航海記を買い集めると、手当たりしだいに読みだした。大海原に漂う木の葉のようなヨット。次々と襲う三階建ての家ほどもある大波。氷山に衝突して沈む恐怖。ヨットを待ち構える危険な暗礁。そうだ、これは冒険、命をかけた試みだ。

何冊も読んだ航海記からは、違う側面も学んでいた。ヨットでたどり着く異国の港、歓迎してくれる優しい人たち、見たことも聞いたこともない習慣、衣装、言葉、理解を超えた価値判断、日本人の常識は通用しないという世界。

ああ、日本という小島の外は、こんなに魅力的なのに、ぼくはどうして住み慣れた土地だけを、カゴの中のハツカネズミのように、グルグルと回って生きているのだ。

やはり、ヨットで世界を旅したい。地球という星は、きっと美しい星なのに、自分が住んでいる星なのに、生まれ故郷の星なのに、その表面の七割をしめる海の上で、どんな風が吹き、どんな太陽が照り、どんな星が輝くか、ぼくはまるっきり知らなくて、そんなことがどうして我慢できるだろう。安全で快適な大型船よりも、小さなヨットで苦労しながら、ときには命がけで航海するほうが、本当の海を実感できるに違いない。

それは確かに冒険で、資金の当ても命の保証すらもなく、何年かかるか分からない。ひもじいこともあるだろう。首筋に冷たいミゾレが降る思いもするだろう。出て行ったきり、二度と帰ってこられないかもしれない。でも、美しい水の星、地球に生まれた幸運を、自分の両目と肌で知るために、いつの日か旅に出ようと決意した。


大学を出て横浜のソフトウェア制作会社に就職後、サラリーマンの一年が過ぎて、ツツジの花が咲いた五月の連休が始まると、ぼくは電車で北に旅立った。

夕暮れ時、学生時代に通った陸前浜田港に着くと、岸壁に一隻のヨットが陸揚げされて、三〇歳前後の男が一人、船底に修理用のパテを塗っている。

海の景色は、すでにぼうっと青暗く、空には赤い夕焼け雲が、かすかに薄く残っていた。約束に三分遅れたことを、ぼくは詫《わ》びた。

彼はヨットに掛けた梯子《はしご》を上り、暗い船室に招き入れると、低い天井から懐中電灯をつり下げる。丸い光が当たったテーブルで、冷や酒をコーヒーカップで飲みながら、互いの近況など話していく。

一時間が過ぎたころ、急に真面目な顔で、ぼくは言った。

「世界一周をやりたいです。もちろん、ひとりで」

ヨットの先輩として尊敬する彼に、夢を打ち明けた。それほど心は決まっていたのだろう。

「何事でもね、やろうという強い意志を持てば、成功したのと同じです」

いつものように、ていねいな口調で、彼は答えてくれた。

「でも、ぼくは本当に海を渡れるか分かりません。大海原の真ん中で、ひとりぼっちになったとき、孤独に耐えられなくて引き返すかもしれません」

「君はね、引っ返すより、発狂するタイプかな？」

真面目そうな彼が、こんなときに冗談を言うなんて。

本当は、止めてほしかった。君には無理だ、君にはできないと。そうすれば、あきらめがつく。

「ぼくは海をほとんど知りません。学生時代、一年の三分の一は海にいて、指を骨折してもギプスのまま休まずヨットに乗って、就職後も海に毎週通っているけれど、日本の近海ばかりです。大海原の真ん中では、どれほどの大波が立って、どんなに激しい嵐が襲うのか、想像もつきません。このまえ、海に沈む夢を見たんです。ヨットの狭い船室に、ぼくひとりきりで、真っ暗闇の中、ヨットは逆さになっているようで、どんどんどんどん、水が流れ込んで……」

「えっ、やはり見ましたか。私も昔、何度も見たんです。怖くて、怖くて、怖くて、早く朝が来ないかと、本当に布団の中で震えていたんです」

「海を無事に渡るには、天が個人個人に与えた能力や資格のようなものが必要と思います。体力、視力、危険を未然に察知する力。でも、ぼくには……」

「いや、それなら心配ありません。以前に私、世界一周したヨット乗りに会ったとき、その人の話では全身がレーダーのようになって、危険を感知するそうです。夜中にふと目覚めたら、大きな船がいて衝突直前だったことが、何度もあったそうなんです」

「でも、そんな第六感は、ぼくにはないと思うし、視力だってメガネだし、体力の自信もありません。きっと、海を渡って生きて帰るのに必要な、天から与えられた資格がない」

「いや、それはね、海に出てみなければ分かりません。海は未知だからこそ、海に飛び出すのではありませんか。でも、でも、本当に海を知っていたら、きっと恐ろしくて、海なんかには……」

彼も昔、大海原に憧れた時期がある。生活費を切り詰め、小さなヨットを買い、台風の来た海を走って腕を磨き、世界一周を夢見ていた。

「私の好きな外国の歌にね、『少年は海から帰って男になる』というのがあるんです」

そしてこうも語る。

「夢を実現するには、大義名分のようなもの、くじけそうな心を支える言葉、自分はこのためにやるんだという何かが、必要なんです」

だが、そう言う彼も、ある日、夢を捨てていた。

「私……、実は激しい恋をしたんです。結婚して、娘もできて、やっと恋を実らせました。こんな幸せもあると思って、世界一周を断念しました」

その夢を、ぼくに託そうというのか。天井から下げたライトは電池が切れて、彼の表情はよく見えない。
「まず初めにヨットを買うことです。なんとかして自分のヨットを持つことです。そうすれば先はどうにかなります。若者らしく、失敗や後のことは考えずに、もっとひたむきに進むべきです。世界中の青い海が、君を待っているんです。ぜひ行ってください」

航海資金を蓄えようと決めたから、第一番にタバコをやめた。「焼き肉食べ放題五〇〇円」の店で、昼飯を腹一杯に詰め込んで、夕飯を抜く日も増えていた。新しい背広やネクタイやコートはもちろん買わないし、黒革靴の破れはフェルトペンで塗っていた。ぼくの暮らしの全てが、夢の実現、そのためだけになっていた。

就職して二年目の冬、ついにヨットを買おうと決めた。残業手当と節約生活で、銀行預金は二〇〇万円を超えていた。

出張先の博多で見つけたのは、型名Blue Water 24C、全長七・五メートル、排水量二・一トンの中古艇だ。外洋航海には小さいけれど、予算ではこれが限度だった。そのズングリした外見は不格好な気がするし、狭苦しい船室の床は畳一枚分もないし、低い天井は頭がつかえてしまう。でも、船体は頑丈に造られて、嵐で転覆しても起き上がりそうな形だった。設計者と製造工場長を訪ね、外洋航海に必要な補強改造のアドバイスをもらうと、全財産の九五パーセントで買い取った。

この小さな白いヨットは、ぼくの体の一部となって、美しい水の星、青い地球の上を自由自在に駆けるだろう。世界中の青い海が待っている。ヨットの名前は、〈青海《あおみ》〉に決めた。

夢に向かう次のステップは、会社を辞めることだった。自分を本気にさせるため、大きな転機が必要だし、夢を実現する途中で気が変わっても、あきらめたくなっても、経済的に安定した生活には、戻れないようにしたかった。退路を断とうと決めていた。

職場に近い小料理屋で、鍋物をつつきながら課長は言う。
「君の計画は分かったよ。だがね、これから数十年は仕事に励んで、社会的責任を果たしてから、定年退職後に好きなことをやればいい。それまでに十分な資金もたまるしね。今すぐ会社を辞めて、お金の足りないまま無理にやる必要があるのかね」

熱燗《あつかん》の杯を飲み干すと、ぼくは反論を試みる。

「年をとってはできない種類のこと、気力と体力の充実した今しかできないこと、若いからこそできるということがあると思います」

三十代半ばの色白な課長は、顔をひきつらせて言う。

「会社はね、君の社内教育に費用を使ってきた。数年で辞められては困るんだ。それに旅から帰った後、どんな仕事をするつもりかね。何年も現場から離れていた者を、どこも雇うはずがない。生計をどう立てていくのだね」

「まだ考えてもいませんが、夢を実現するには、引き換えに捨てるもの、手放すもの、犠牲として払うものが必要と思います。だいいち、無事に生きて帰れる保証がないのに、先のことを悩むのは……」

帰った後を考えないことが、旅に出る秘訣《ひけつ》かもしれない。

「青春の鮮烈な体験や、困難に負けない粘り強い心、世界中の海や風や太陽の記憶、そして今は何か見当もつかないけれど、町で暮らしていては分からない、海が教えてくれる大切なこと。そんな形の見えない財産が欲しいのです」


三週間後、仕事に区切りがついて辞表を出すと、春の突風が吹く横浜の町を後にした。

住み慣れた仙台に近い松島湾にヨットを泊めて、いよいよ出発準備に取りかかる。同時に職業訓練校に入学し、自動車整備の勉強を始めていた。外国で働きながら旅を続けるため、手に職をつけたいし、ヨットの出入港用エンジンの故障に備え、修理技術も欲しかった。

ある日の明け方、訓練校の寮の二段ベッドで、不思議な夢を見た。それは南米最南端、最果ての荒海に突き出すホーン岬。多くの帆船が消息を絶った恐怖の岬。単独で通過したことが最高の栄誉となる、憧れのホーン岬。成功した日本人は数えるほどしかいなかった。

その伝説の岬に、ぼくはなぜか上陸していた。荒涼とした黒岩の岸に立って眺める海は、空気を液化したように澄んでいる。地の果ての陰気な灰色空の下、海はかすかに青銀《あおぎん》を帯びた透明色。これほど寂しい色彩が、この世に存在するのだろうか。

一年間の職業訓練が終わると、ぼくは港に泊めたヨットに住み込んで、出航の最終準備に取りかかる。

岸壁に着けたヨットの中で、積み込んだ数か月分の食料を整理していると、外で男の声がする。

「小舟で外国に行くのは、あんたか？」

六〇過ぎの日焼けした老人が立っていた。下着の半袖シャツに作業ズボン、首にはタオルを下げている。

「わしは若いころからずっと漁師をしてる。海ってのは、怖いもんだ。むちゃなことをするんでない。こんな小さい船で嵐が来たら……」

出航が間近いのに、とんでもないことを言う人だ。ぼくはデッキに立ち上がると、反射的に言い返した。

「ヨットは嵐に強い乗り物ですよ。船体は小さくても、数万トンの大型船と同じくらい、安全性が高いんです」

本でそう読んだことがある。ヨット仲間の皆も言っている。これまで信じて疑ったことはない。が、よく考えてみると、本当に正しいか、実際に確かめたことはなかった。

「今ならまだ間に合うんだ。ともかく、あきらめたほうがいい。まあ、聞くんだ。夏場でも台風で二〇メートルを超す風が吹く。そんなときは漁師だって難儀するもんだ。若いのに命を粗末にするんでない」

しばらく返事に困ったけれど、ぼくは思い切って平気な顔で言ってみた。

「秒速三〇メートルくらいの風なら、ヨットはなんともありませんよ」

そんな強風は、もちろん経験がない。出まかせだった。

「なに、三〇メートルだって、ほう……」

老人は妙に感心した顔つきで、そのまま黙って岸壁から立ち去った。


暑さも盛りの八月初め、ヨットは日本を離れると、真夏の光る海原に帆を揚げた。世界周航の第一ステップ、太平洋横断航海が始まった。

どこまで行き着けて、何年先に帰れるか、本当に生きて戻れるか、見当すらつかないが、故郷の山にも川にも人々にも、未練は少しも残っていなかった。

日本近海で撮影。波は高く見えるが、波頭が崩れていないため、艇体が上下するだけで実害はない。下端を折り畳んで縮めた帆に、後方からの風を受けている。

# 初めて知った海、太平洋

他人の痛みや境遇、食べたことのない料理の味、異国の習慣など、「それくらい知っている」と思いながらも、実際に体験してみると、何も知らなかったと気づいて唖然《あぜん》とすることがある。初めて出た大海原が、そうだった。

❄

周りは、海原しかなかった。

世界一周の第一歩、太平洋横断を始めて数日後、ぼくはベッドの中で、のびていた。

白帆に風を受け、傾きながら走るヨット。波が横腹を打つたびに、さらに傾いて横倒しに近くなる。大波は数メートルも船体を持ち上げ、次の瞬間、一気に船底の下を通り過ぎ、ヨットは波の頂上から谷間に激しく落下する。狭い船室では大地震が来たように、食器、雑誌、ハーモニカ、ナイフやタマネギまでが宙を舞い、次々と顔に飛んでくる。近くに台風でもあるのだろうか。

頭はズキズキ、目はグルグル、強い吐き気も込み上げて、胃が本当に苦しく、胃の形を感じるほど苦しくて、船室のベッドに寝たきりのまま、一日、さらに一日と過ぎていく。

船尾では自作のウインドベーン（風力操舵《そうだ》装置）が自動的に舵《かじ》をとり、〈青海〉は逞《たくま》しく、波にも負けずに走っている。ヨットはこんなに強いのに、ぼくはあまりにも弱すぎる。日本で仲間と乗っていたときは、誰よりも船酔いに強いと評判だったのに。

揺れ続ける体を支えようとして、全身の筋肉が無意識のうちに動くのか、ヨットの上ではベッドに寝たままの姿勢でも、体力の消耗が激しい。しかも嵐が始まってから二日間、何も食べていないのだ。強い疲労と空腹で、体力の限界を感じていた。腕時計を見たくても、手を持ち上げる気力もない。

体が動くうちに、何かを口に入れないと、やがて衰弱死するだろう。力を振り絞るようにしてベッドを出ると、畳一枚ほどの小さな床に座り、桃の缶詰を開けた。胃が受け付けないのは知っている。だが、スプーンを握り、数メートルも上下する床に合わせて、タイミングよく口に運ぶと、驚くほどにうまい。あっという間に一缶分を食べ切った。缶詰に感激したのは、生まれて初めてかもしれない。

空腹感が和らぐと、船室の小窓に鼻を押し付けて、嵐の海を眺めてみる。山脈の中にいて、周りにそびえて並ぶ無数の頂を、山小屋の窓から見上げるようだ。いたるところに急斜面、谷、崖、頂上が次々と現れては消え、景色は絶え間なく変化する。これほど波が高く、これほど陸と違う世界だったとは……。

太平洋横断の目的地、米国サンフランシスコまでは、八〇〇〇キロ以上の長旅だ。それは赤道一周の五分の一に相当する。なのに、出発直後から、ぼくはもう弱音を吐いている。

苦しみに負けない精神力と体力を、自分は備えているのか。広い太平洋を本当に自力で横断できるのか。海から陸に生きて帰るのに必要な、天から与えられた資格があるだろうか。激しく揺れるベッドに入り、船酔いで痛む頭を布団に埋めていた。

ふと、船室のコンパスに目を向けると、なぜかコースを数十度も外れていた。ぼくはウインドベーンと帆を調整するために、船室のハッチを開けて顔を出す。と、すぐ横の海面が、本物の丘のように高く盛り上がり、真っ白く泡立って頭上に崩れてきた。「危ない！」と叫んでハッチを閉める。同時に波の直撃を受けた〈青海〉は、ほとんど真横に倒された。ぼくの体は船室内で、下になった横壁に落ちて打ち当たる。次の瞬間、船底に付いた八八〇キロのバラスト(重り)が、バランス作用を発揮して、〈青海〉は自動的に立ち上がる。だが、あまりにも急激に起きたから、体は船室を横切るように飛ばされて、反対側の壁に激しく衝突した。

頭と胸を強打して、しばらく呼吸できなかった。起き上がって船室内を見回すと、ハッチを閉める直前に入った海水で、布団も食料もずぶぬれだ。

「油断していた」

大波の襲う瞬間に見上げた、波頭の崩れ散る鮮烈な白が、爆発のまぶしい閃光《せんこう》のように、脳裏に刻み付いていた。

二日後に嵐が去っても、頭の痛みは続き、胸にはアザができていた。肋骨《ろっこつ》にヒビでも入ったのか、深呼吸すると胸が痛く、咳《せき》のたびに激痛が走る。精神状態も異常に高ぶって、夜中に理由なく目覚めてしまう。ハッチから頭を出して外を見回すと、黒い海面にチラチラと立っては消える、箸かマストのような光の棒。

水平線の少し上には、不気味な赤い三日月が出ている。

「お月さん、お願いだよう、ぼくを助けてくれよう」

山地に迷い込んだような、北太平洋の海原。追い風で帆走中、船尾から撮影。波が次々と〈青海〉を追いかけている。画面右側の波は頂上が崩れかけ、数秒後に船尾を直撃するかもしれない。

# 不思議な老ヨットマン

二つの選択肢があるとき、どちらを選ぶべきなのか。簡単なほうか、困難でも手応えのあるほうか。安全な未来か、それともスリルのある人生か。運に任せるのか、自分で道を切り開くのか。生まれて初めての外国で、ぼくは決断を迫られていた。

※

日本を出て二か月後の一〇月初め、〈青海〉は太平洋をやっとの思いで横断し、サンフランシスコに到着した。

さあ、外国生活のスタートだ。せっかくアメリカに来たからには、広い大地を旅したい。日本の二五倍もある国土を回り、グランドキャニオンやナイアガラの滝も見てみたい。でも、そんな余裕は決してない。次の目標、嵐で名高い南米のホーン岬を狙うには、〈青海〉の補強改造が必要だから、今に所持金を使い果たしてしまうだろう。

サンフランシスコに着いて四日後、自動車修理工場を訪ねて整備士の職を探したとき、そこでは断られたけれど、カワサキと呼ばれる日本人の客と知り合った。五十代半ばの彼は神風特攻隊の生き残りで、太平洋戦争直後、なぜかアメリカに移住した。職業はガーデナーで、ちょうど人手が欲しいから、ぼくを雇ってくれるという。翌日から住み込みで働くことに、話が決まった。

原色の青絵の具でぱあっと塗ったような、カリフォルニアの晴れ空の下、早朝からカワサキさんと家を出た。小型トラックで民家や会社の庭に乗り付けると、強力なエンジン送風機を背負い、風の出るパイプを片手で握る。広い庭に散らばる落ち葉やゴミを、吹き飛ばして一か所に集めるのだ。風の反動が強すぎて、小柄なぼくは後ろに転びそうになるけれど、なんと豪快な掃除だろう。慣れないうちは風の狙いが定まらず、ゴミをかえって散らかしたり、隣の家に吹き込んだりしたから、カワサキさんは少し困り顔だった。

庭の掃除が終わると、ローンモアを押して芝生を刈る。初めて見る草花、日本では珍しい木々も多かった。雑草だってハイカラで、抜くのが惜しいくらいだ。

仕事を始めて約二か月で、サンフランシスコに冬の雨季が訪れた。ガーデナーは休業で、日当の二〇ドルは稼げない。ぼくはガレージの中でトラックやローンモアを修理して、給料をどうにかもらっていたけれど、クリスマスが近い日、部屋の荷物をまとめると、世話になったカワサキ家を後にした。

サンフランシスコ湾の奥、三角州地帯のピーツハーバーが、ぼくの新しい住所だった。

桟橋の〈青海〉で暮らしながら、いよいよホーン岬挑戦の準備に取りかかる。太平洋横断に成功したからといって、ホーン岬まで航海できるという保証はない。荒れ狂う地上最悪の海を目指すには、周到な用意が必要だ。大波の衝撃に備えるため、窓を二重にしたり、舵《かじ》を頑丈に作り変えたり、点検整備と補強改造は三十数項目にも達していた。一つの油断が、一つの安易な妥協が、ぼくと〈青海〉を嵐の海に沈めてしまうのだ。

ハーバーで見かける不思議な老人。高めの身長、がっしりとした骨太の体に鋭い眼光。いつもワイシャツを着て、緑のベレー帽をかぶっている。相手かまわず毒舌を吐き、驚くほど頭の切れる男だ。大型ヨットに一人で暮らし、友人も家族も親戚も見かけない。かつてCＩＡに勤めていたと、噂《うわさ》をする人もいる。

そのジョンと呼ばれる老人が、なぜか〈青海〉を訪ねてきた。ぼくは改造作業の手を止めると、言われるまま彼の後に従って、桟橋の上を歩きだす。ジョンは急に振り返り、ぼくの耳元でささやいた。

「私のヨットで見たことを、決して他人に言ってはならない。この約束を神に誓うかね」

返事に困っていると、彼は両手の指を組み、神に祈るしぐさをしてみせる。人に知られたくないヨットの中に、ぼくをどうして招くのか。

「私の計画に気づいたら、皆はクレージーと言うだろう。しかし、君は自力で太平洋を渡ってきた。その君にならば理解してもらえる」

大型ヨットの広い船室には、日本で販売されていない高性能の日本製無線機、最新の電子航海機器も並んでいた。海図机の上には、なぜか一〇〇本近い鉛筆やボールペンが、一列に整然と置かれている。

二五年前から資金を蓄え、出航準備を続けているという。どこに向かい、何をするつもりだろうか。

ホーン岬を目指すぼくのため、彼はさまざまな資料を見せてくれる。棚から出した数十枚もの詳細な地図や海図、どこで入手したのか人工衛星から撮った写真もある。なぜ、そんな資料を持っているのか。地図の隅に印刷された〈Central Intelligence Agency〉という小さな文字。ぼくは一瞬、ドキリとした。

机から視線を鋭く上げて、ジョンは聞く。

「君はどうしてホーン岬に行くのだね」

「なぜなのか、ぼくは自分でも分からない。ただ、町にいては得られない大切な何かを、海から教えてもらうには……」

あたかも真理を見つけたように、ジョンはつぶやく。

「そうだ、ホーン岬に行く者は、誰も理由を知らないのだ」

彼は二か月以内に港を出て、針路を南に向けるという。北アメリカには二度と帰らない。

「どこかに行き、どこかで死ぬ」

少し寂しそうに、が、きっぱりと言う。いったい何を考えているのか。不審というより不気味だった。

「ジョン、あなたはどこへ?」

すると彼は机の紙片を手に取って、素早く二組みの数字を書き付ける。一つは「56」、そしてもう一つをぼくが記憶する隙もなく、丸めて屑籠《くずかご》に投げ入れた。

南緯五六度・西経六七度、地の果ての南米最南端で、太平洋と大西洋の境目に突き出すホーン岬。二〇世紀初頭まで、ホーン岬周辺は二つの大洋をつなぐ難所、船の墓場として船乗りたちに知られていた。数多くの船が、想像を絶する嵐で消息を絶っていた。ホーン岬の名は海の恐怖の象徴として、幾世紀も語り継がれてきたという。

その伝説の岬に達する方法は、大きく分けて二つある。〈青海〉の補強作業の合間に、ジョンのヨットを何度も訪れて、机に広げた海図を前に議論した。彼の意見は、こうだ。

「南米大陸の太平洋側を延々と南下して、最南端のホーン岬を外海から目指すのは、遭難の危険が多すぎる。怒り狂う五〇度(Furious Fifties)と呼ばれる嵐の海で、君の小さなヨットは巨大な崩れ波にのまれてしまうだろう。しかし、もう一つのルート、チリ多島海を通ってホーン岬に近づけば、大波の代わりにアンデスの雄大な自然と秘境の島々を見る。チリ多島海を通らずに外海を走ってホーン岬に向かうのは、目を閉じて美しい景色を見ないまま、ヒマラヤに登るようなものだ」

南米大陸の南端部、チリパタゴニアと呼ばれる地方には、島々が一八〇〇キロ以上も続く海がある。だが、その人里離れた秘境には、アンデス山脈から吹き下ろす猛烈な風、速度九ノットに達する潮流、おびただしい暗礁が潜んでいることを、以前に読んだ航海記で知っていた。一人で通過を試みれば、おそらく遭難するだろう。ぼくは机の海図を挟んでジョンに言う。

「いや、大荒れの外海を走れば、巨大波と恐怖の海原を体験できる」

「そんなものはホーン岬を過ぎてから、いくらでも南大西洋で経験する。だいいち、巨大波の崩れる地獄の海を見ることが、何の役に立つのだね」

「人生を考えるため、役立つと思う」

一瞬、ジョンは困惑した表情を見せた。が、やはり首を横に振る。

外海を走ってホーン岬に向かえば、遭難するかどうかは時の運。「怒り狂う五〇度」と呼ばれる嵐の海で、転覆してマストを失えば、〈青海〉は航行不能になるだろう。巨大波に打たれ、厚さ五ミリの強化プラスチックの船腹が破れれば、間違いなく沈没してしまう。だが、チリ多島海を通れば、遭難するかどうかは自分の努力、注意力、座礁を回避する航海技術で決まるのだ。

「外海を走れば、運に頼ることになる。島々の海を通れば自分自身に……」

ぼくは何度も何度も口の中で繰り返し、ついに心を決めた。

「よし、自分を頼ろう」

アメリカで約半年が過ぎた五月初め、赤錆《さび》色に塗られたゴールデンゲート橋の下を通過して、〈青海〉はサンフランシスコ湾を後にした。

南米のチリまでは、赤道を越える一万キロ余り、三か月に及ぶノンストップ航海。

海とぼくとの、二度目の付き合いが始まった。

# 貿易風の流れる海で

誰でも心の中に、生涯忘れられない景色の記憶があるはずだ。息をのんで見つめた、旅先の景観。幼いころの故郷の風景。生きている限り忘れ得ない、山や川や海の記憶。ぼくにとって、その一つが、貿易風帯の光景だった。

※

日本を出て最初の寄港地、北米サンフランシスコを離れた〈青海〉は、太平洋を二〇〇〇キロほど南下して、熱帯地方の海にいた。

まぶしい常夏の水面を、ひたすら安定した強さと向きで、昼も夜も吹く貿易風。綿をちぎったような積雲が、青空をバックに点々と浮かぶ、子供が絵に描いたような晴れ空の下、追っ手の風が帆を押した。

風力三、波高数十センチの穏やかな海を、〈青海〉は水音さわやかに快走する。裸の肌をなでる生ぬるい風の感触が、思わず声を上げるほど心地よい。これほど優しく、幸せに満ちた海があったとは。

周りの水面には、何もない。島々も、船も、鳥たちも。貿易風だけが息も継がず、休みなくコンスタントに流れていく。もしかすると、この風は永遠に吹き続くのかもしれない。おそらく数万年以上も昔から、貿易風は今と同じように海を吹き渡り、頭上に燃える太陽も、水平線に並ぶ積雲も、何一つ変わっていないだろう。その間に人類が文明を築き、戦争を繰り返したことなど、目の前の景色とは関わりもない。

ここには現在と過去の区別も、時代を知る手掛かりも見当たらない。貿易風がひたすら流れる海の上、日が昇り、日が落ちて、それが太古から延々と繰り返される以外は何も変わらず、あたかも時代は歩みを止めているようだ。

数百年前、ここを通った船乗りたちも、同じ形の雲を眺め、同じように夕日を浴び、同じことを考えたに違いない。ぼくはひとりぼっちで何世紀の海にいるというのか。水平線に古代の海賊船が現れても、それほど不思議な心地はしないだろう。

〈青海〉が目指すのは、南米大陸のチリだった。全長七・五メートルの小さなヨットでは、三か月もの長旅になる。出発時、狭い船室にどうにか積めた飲料水は、一〇リットル入りポリタンクで一四個。一日平均、わずか一・五リットルの計算だ。これで飯を炊いて、みそ汁も作る。食後は茶を飲んで歯も磨く。でも、米をとぐのは海水だ。一日一回、燃料も水も節約できる圧力鍋で、三合の米を炊いていた。潮風と味わう熱々の炊きたてに、感動しない人はないだろう。梅干し一個で、丼を空けてしまうこともある。

積み込んだ野菜類は、意外なほど長持ちした。風通しに注意したせいか、ヨットの揺れのせいなのか、ジャガイモ、タマネギはもちろんのこと、ニンジンやキャベツまで、真夏なのに数週間たっても傷まない。卵はワセリンを殻に塗ったから、冷蔵庫がなくても三週間は生で食べられた。

新鮮な野菜が底を突くと、プラスチック容器で緑豆を発芽させ、モヤシ作りも始めてみた。朝晩に少量の水をかけ、四日ほど育てた白い芽を、炒《いた》めて味噌ラーメンの具にしたり、そのままかじって、青臭い味を楽しんだりもした。

アメリカで買った、核戦争用缶詰の野菜サラダも試してみた。缶を開けて水を注ぐと、数時間でキャベツ、ニンジン、セロリの入った生野菜サラダが出来上がる。粉末バター、粉末卵、一年間保存できる豆腐のパック、インスタントライスなどの便利な食品の数々も、サンフランシスコで仕入れていた。北太平洋横断の経験から、海の上で一番ともいえる楽しみは、食事と気づいていたからだ。

毎日の夕食後は、食器を海水で洗いながら、飽きずに夕日を眺めていた。海に伏せた空の巨大な丼は、頭上から西半分がオレンジに染まり、水平線に点々と並ぶ雲は、黒綿《くろわた》状の影絵だった。

日没開始からおよそ二分で、太陽が完全に沈みきると、背中の水平線から青紫の幕が天に昇り始め、海の上は一面の藍色に変わり、やがて星々が光りだす。大空のスクリーンに投映された光と色の大規模な変化に、息も止めかけて、首が痛くなるまで見上げていた。小学生のころのように。

積雲が点々と浮かぶ貿易風帯の日没。陸の影響が少ない大洋上では、貿易風の強度と向きはきわめて安定している。〈青海〉は帆の角度とサイズを変えないまま、数週間も走り続けることができた。

# 赤道で見た赤線を越えて

昼のチャイムが鳴り、緊張から解放されて昼食をとり、会話を楽しんだり、芝生に寝転んで日差しを浴びたりするときもある。だが、昼休みが終われば、再び緊張した時間が始まるのだ。赤道付近の航海は、そんな息抜きだったのかもしれない。

南米チリに向けて太平洋を南下する〈青海〉は、北半球の貿易風帯を通過して、さらに南の赤道無風帯を進んでいた。そこは決して無風の海ではない。南北両半球の貿易風が、ぶつかり合って上昇気流に変わる海。気まぐれな風が吹いたりやんだりを繰り返す、天気の不安定な場所だった。

毎日のように、突風を伴うスコール雲が訪れ、大粒の通り雨を降らせる。意外に冷たい熱帯の雨に、ぼくは裸のまま震えながら、ロープを引いてブーム（帆桁）の先を少し高めに固定した。こうすると、帆を伝って落ちる雨水が、マストの根元のバケツにどんどんたまる。塩素液を滴下して、飲料水に使うのだ。

スコールがやんで凪《なぎ》になると、〈青海〉は半日から丸一日も、波のない平らな海に静止する。その周りを三角の背びれで水を切りながら、サメが泳ぎ回る日も多かった。青々と澄んだ海水を通し、戦闘機のような短い両翼と灰色の胴が鮮明に観察できた。

サメの仲間には、クジラほどの巨大種も存在し、ヨットに衝突した話を体験者から聞いたこともある。止まると窒息する外洋のサメは、生まれたが最後、昼も夜も休むことを許されず、死ぬまで泳ぎ続けているという。

北太平洋を南下する〈青海〉が、赤道をついに越えたのは、サンフランシスコを出て四週間ほど後だった。その日、海面に赤線を見た。地図の赤道のように、赤い帯が東西に延々と続いている。こんなことが現実に起こるとは、信じられない気もしたが、よく見ると場所によって太さが違い、所々で切れている。なぜか破線の赤道だ。〈青海〉が線上を横切るとき、妙に生臭い空気を吸いながら、海面に腕を伸ばしてヒシャクで水を汲《く》んでみた。海流の境目に漂う小さな無数の赤い球、魚の卵の群れだった。

赤道を越えて南太平洋に入った〈青海〉は、南米大陸のチリを目指し、さらに南下を続けていく。夜空に輝く南十字星は、日増しに高度を上げていた。この明るい星々は完璧な十字形に並ばずに、かしいでいるので好きなのだ。町の灯から数千キロも離れた海上の夜空には、星と星の隙間を埋めるように、さらにいくつも星々が光る。頭上に横たわる銀河は、鮮明な光の帯だった。

航海に出て間もないころ、その帯をぼくは雲と思い込んでいた。毎夜、同じ場所にあるので不審に思い、銀河であると気がついた。美しい夜空の川が、途中で大きく枝分かれする様子も、肉眼で鮮明に確認できた。昔の人が「天の川」と呼んだのも、ごく自然に納得できる。一〇〇年ほど前に電灯が発明され、夜が明るくなるまでは、おそらく誰もが仰いでいた星空なのだ。

双眼鏡を握って、銀河に向ける。一つ一つの星までは、どれほど遠いことだろう。直径が地球の一〇〇倍大きい太陽さえ、銀河系に一〇〇〇億個もあるという恒星の一つ。その広大な銀河系さえ、宇宙に数千億あるかもしれない銀河の一つにすぎないのだ。

五〇〇年も昔の大航海時代、当時の人にとっては無限にも思える広大な海原に、魔物が待っているかもしれない未知の海に、人々は帆船で勇敢に乗り出した。この果てしない星々の海にも、宇宙船という船で乗り出す時代が来るだろう。次々と発見される宇宙の神秘に、人々は胸を躍らせ、さらに遠い星々に思いをはせるに違いない。爆発的に個体数を増す「人類」と呼ばれる生き物の群れが、それまで存続するという保証はないけれど。

Episode 05

# 赤道で見た赤線を越えて

うねりも波もない赤道無風帯の海を、スコールの固まりが動いていく。〈青海〉に積み込み可能な真水の量は限られており、スコールの雨水は貴重な飲料水となった。保存のため塩素液を入れ、利用時は念のために煮沸した。

# 第二章

# 魔物のすみか、チリ多島海

北米
アフリカ
南米

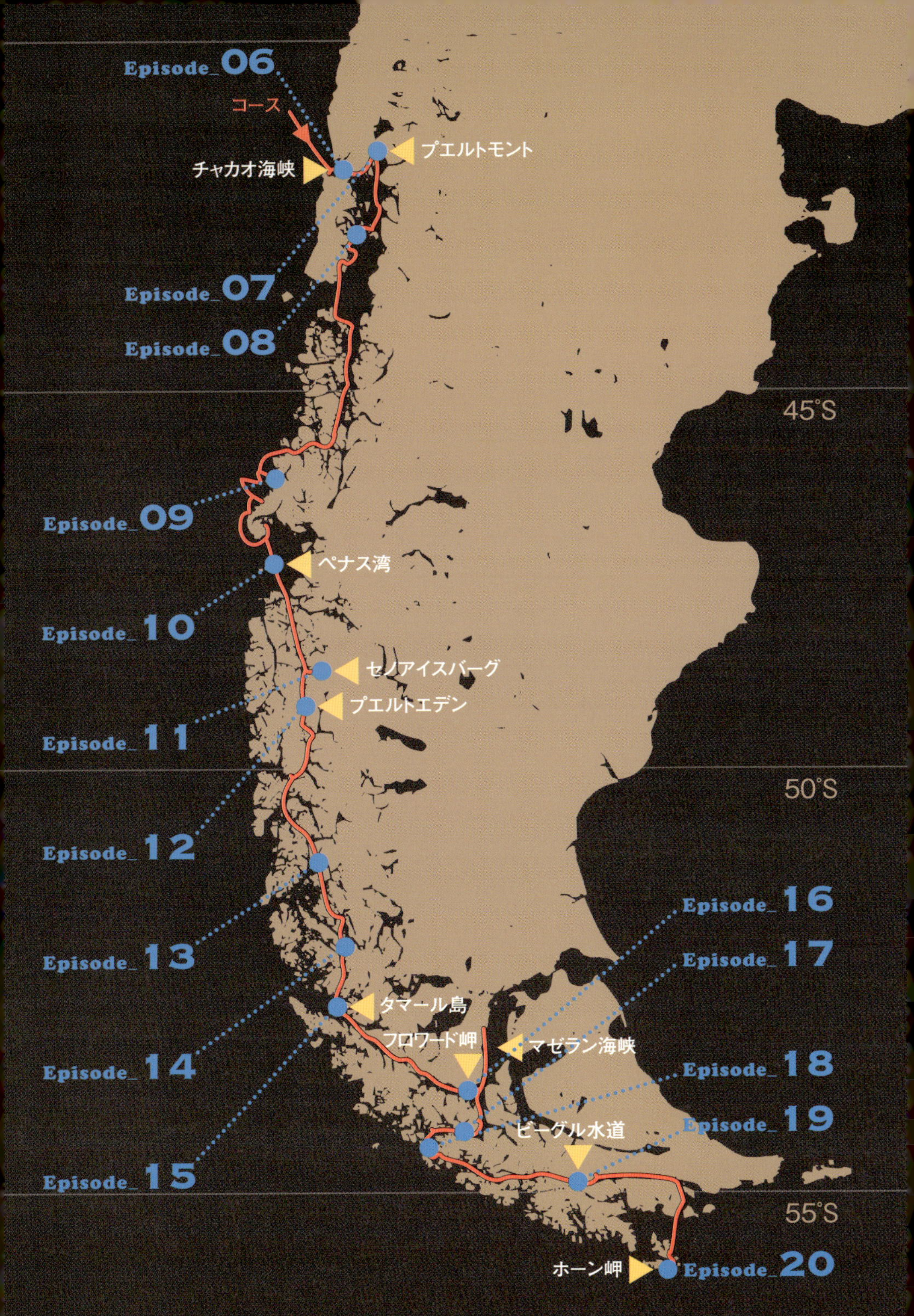
Episode_06
コース
プエルトモント
チャカオ海峡
Episode_07
Episode_08
45°S
Episode_09
ペナス湾
Episode_10
セノアイスバーグ
プエルトエデン
Episode_11
50°S
Episode_12
Episode_13
Episode_16
Episode_17
Episode_14
タマール島
フロワード岬
マゼラン海峡
Episode_18
ビーグル水道
Episode_19
Episode_15
55°S
ホーン岬
Episode_20

# 多島海の門、潮波の海峡

新しい世界に飛び込み、これから実力が試されるとき、不安と期待のまざった複雑な気持ちになるだろう。自分にできるのか。能力の限界を超えていて、何もできずに自分は終わるのか。〈青海《あおみ》〉とぼくの前方には、未知の海への入り口が開いていた。

※

島々が一八〇〇キロ以上も南北に続く、南米パタゴニアの多島海。この憧れの地を航海するために、どれほど準備を重ねたことだろう。寄港地でアルバイトに励んで資金を稼ぎ、錨《いかり》の装備を整え、錨泊《びょうはく》技術を学び、チリ海軍本部を訪ねて情報収集も行った。

だが、日本の本州ほどの長さで島々が続く、複雑なフィヨルド状の海面を、南米最南端のホーン岬まで、単独航海できるのか。暗礁に乗り上げないよう、確実にナビゲーションできるのか。アンデス山脈から吹き下ろすウィリウォウと呼ばれる烈風に、ヨットが吹き飛ばされないようにするためには、どのような対策が必要か。チリ多島海を安全に進むには、これまでの大洋航海とは異なる種類の、知識と技術が必要だった。

南米大陸西岸を南下する〈青海〉が、チリ多島海の北口、チャカオ海峡を目前にしたとき、風力は六に近く、海面には波頭が砕け散っていた。でも、まもなく陸の陰に入り、風は弱まるだろうから、帆を縮めるのをためらっていた。双眼鏡を前方に向けると、予想に反し、陸の陰の水面にも白波が立っている。

陸の付近では、浅瀬や岩や往来する船などの、障害物が少なくない。今のうちに帆を縮め、速度を落としておかないと、予想外の事故に遭うだろう。ぼくは大急ぎでメインセールのリーフィング（縮帆）作業を開始した。

するとなぜか急に風が落ち、さらに進んで陸の陰に入ると無風になった。

全く、わけが分からなかった。頭の中が混乱した。風がないはずなのに、先ほど沖から双眼鏡で見たとおり、周囲の海面は無数の白波に覆われていたからだ。

「なんということだろう。これは風の立てる波ではない。

強い潮流の起こす潮波だ」

　チャカオ海峡のすさまじさは聞いていたが、その手前から、これほどの潮波に遭遇しようとは。

〈青海〉を付近の湾に入れて錨を打つと、ぼくは天気の安定を待ちながら、海峡通過の念入りな計画を練っていた。

「チャカオ海峡の潮流は、きわめて危険である」と警告する米軍水路誌を熟読し、浅瀬や岩礁をマークして、海図に安全なコースの線を引く。潮汐《ちょうせき》表を開き、満潮や干潮の時刻から、最大九ノットに達するという潮流の開始時刻を求めておく。実際の航海をイメージしながら、進むにつれて岬や湾がどう現れて消えるか、海図上で念入りな模擬航海も行った。

　三日後、好天に恵まれると、凪《なぎ》の海にエンジンを鳴らして出発した。海峡の口はまだ十数キロ先なのに、辺りの海面には無数の潮波が立っている。と思うと、あるところは淀《よど》み、鏡のような水面だ。潮流で測深器の超音波が乱れ、異常に浅い水深表示が出るたびに、今にも座礁しそうで気が気でない。〈青海〉は潮に運ばれて、海峡の口にどんどん吸い込まれるように進んでいく。

　出発から一時間半後、チャカオ海峡に達すると、幅数キロの水面は、まるで流れの速い川だった。自動車で道路を突っ走るように、海峡の左右に続く樹木や丘や家々が、次々と後ろに飛んでいく。

　水深一〇〇メートル前後の海底から急峻《きゅうしゅん》な山のように突き出すレモリノス岩礁も無事にクリアして、〈青海〉は予定どおり順調に、狭い海峡の中を駆けていく。気がついたときには、二十数キロを一時間一五分で走り切り、ついに出口に達していた。

　が、いつのまにか潮の渦巻く海面に入っていた。船首が水流に運ばれて、よろめきながら勝手に左右に回り、舵を大きく切っても少しも利かず、恐ろしくてたまらない。エンジンの回転を限界まで上げて、強引に直進を試みても、全くだめだ。〈青海〉はどこに向けて進んでいくのだろう。潮波と渦で激しく揺れるデッキの上で、ぼくは何度も転びそうになりながら、どうしてよいか分からず、あわてていた。

　チリ多島海の口に着いたばかりで、まだ本番はこれからなのに、早々と背すじの冷たくなる思いをしようとは。

無風のチャカオ海峡付近。複数方向の潮波が交錯し、大きな渦をつくっている。不規則な波に翻弄され、船体は激しく揺れている。画面手前はウインドベーン（風力自動操舵装置）と錨（いかり）の一部。

# 引き潮の町から荒野の海へ

常識と思っていたことが、人生経験も境遇も違う他人に全く理解してもらえずに、大きなギャップを感じてショックを受けることがある。ときには相手に腹を立てることもある。港の一角で、ぼくたちは互いに失望していたに違いない。

※

潮波のチャカオ海峡を越えてチリ多島海に入った〈青海〉は、多島海最北の町、プエルトモントに到着した。

なんと面白い港だろう。海面にはコンクリートの岸壁が三階建ての家ほどもそそり立つ。小さな〈青海〉にとって、それはまさに絶壁で、陸に上がれそうもない。この町では潮の満ち引きで、しばしば七メートル以上も海面が上下するという。

港の一角では、近くの島々から荷を積んできた帆船が、浅瀬に乗り上げて並んでいる。満ち潮のときに入港し、引き潮を待てば、やがて船底は浅瀬に乗り上げる。すると岸から馬車が現れ、積み荷の揚げ降ろしを始めるのだ。

岸壁のチリ海軍船を桟橋代わりに踏ませてもらい、ぼくはプエルトモントの町に上がる。海上警察署で入港手続きを済ませると、これから数か月も続く多島海の長旅に備え、特産のジャガイモ、ニンジン、キャベツ、タマネギ等を、町のメルカド（マーケット）で見て回る。千数百キロ南のプンタアレナスまでは、ほとんどが無人の島々で、物資の補給は困難と聞いていた。

慣れないスペイン語で会話しながら、町を歩き回り、この地方特産の羊毛の帽子、厚手の靴下、手袋なども入手する。緯度が日本の北海道に近いプエルトモントから、さらに十数度も高緯度のホーン岬を目指すため、防寒対策が必要だ。

この町を出ると、昼は島々の間を走り、夜は入江で休む日々が続くから、十分な停泊用資材も不可欠だ。重量一三キロのダンフォース型アンカー、一六キロのCQR型アンカー、一八キロのフィッシャーマン型アンカー、三〇〇メートルのアンカーロープ等、艇長七・五メートルのヨットにしては十分な装備を積んである。だが、これからの航海を思うと心配で、ロープやシャックルを金物店で買い足した。

日本からの長旅で傷んだ数枚の帆も、多島海を吹き荒れる烈風、ウィリウォウに備えて整備する。糸のほころびを直し、生地がのびた部分は船室に広げてリカットし、愛用のセールパーム(手のひら用革製大型指貫《ゆびぬき》)を使って縫い上げた。

交通量が少なく調査も不完全な、チリ多島海のような水域を走るには、海図や水路誌の情報に加え、ローカル・インフォメーションも不可欠だ。チリ海軍の哨戒《しょうかい》艇〈Lautaro〉に数十枚の海図を持参して、金ボタンの並ぶ軍服姿の士官から、危険箇所や注意点について詳細なアドバイスをしてもらう。彼は海軍マークの付いたワインを開けて、昼食まで御馳走《ごちそう》してくれた。

慌ただしい準備をやっと終え、海上警察署で出港手続きを済ませた日、カラフルなバックパックを背負った男が、岸壁から声をかけてきた。便数の少ないフェリーに乗り遅れたアメリカ人観光客らしい。急ぐから、プンタアレナスまで同乗させてくれという。

いったい、何を勘違いしているのだ。どれほどの覚悟と決意のもと、ヨットでヒッチハイクをしようというのか。プンタアレナスまでは二か月以上の長旅だ。旅客船のように数日で着くと、彼は思っているらしい。

陸の自動車や、安全を確保されたフェリーの旅とは、速度も体験の種類も全く違うことを、少しでも知っているのだろうか。艇長七・五メートル、搭載エンジン三・五馬力の小さなヨットでチリ多島海を進むことが、どれほどのリスクを伴うか、彼は少しでも想像できるのか。

ぼくは舵《かじ》を握ると、町の人々の常識が通用しない、海と呼ばれる荒野に出た。原始の世界のような、地球の命を実感させるチリ多島海に。

第二章

# 魔物のすみか、チリ多島海

Episode 07

## 引き潮の町から荒野の海へ

プエルトモント港の一角、アンヘルモ(Angelmo)地区。浅瀬に船を乗り上げ、引き潮の間に荷役を行う。手前の岸壁に積み上げられた布袋には、この地方特産のジャガイモが詰まっている。

# 青い別世界に染められて

遠方へ引っ越したり、就職や進学で新しい暮らしを始めたり、それまでと違う環境がしばらく続いたりすると、過去の日々が遠い昔か夢のように感じることがある。島々が延々と続く海で、ぼくは青い別世界の中にいた。

※

チリ多島海最北の町、プエルトモントを離れた〈青海〉は、南米最南端のホーン岬に向けて、島々の海を南下する。周りの水平線には、島々が青い幻のように浮かび、頂上に雪を光らせるアンデス山脈は、紺青の板を切り抜いたように鮮明な輪郭だ。あたかも青い絵の中に入ったようで、時間も止まりかけているようだ。その絵の中に〈青海〉は白帆を揚げて、青い水を爽快に切っていく。

なのに、ぼくは途方に暮れていた。これほど澄んで透明な山と海と島々の景色は、脳裏に焼き付けようと努めても、美しすぎて記憶に残るまい。これほど人を感動させる高純度の青色は、カメラのフィルムに写るまい。心も青く染めそうな、山、海、島々の景色に包まれて、いったい何ができるというのだろう。

毎朝、島の入江で目覚めると、すがすがしい空気を吸って食事をとり、昼の弁当を作り、錨《いかり》を上げて出発する。日暮れまでには数十キロ南の島に着き、入江に錨を投下する。やがて夕飯を終えると、何枚もの海図と水路誌を船室に広げ、数時間もかけて翌日の計画を練り上げる。

だが、航海中に島々を一つ一つ確かめて、〈青海〉の位置を海図上で判断しながら進むのは、予想以上に難しい。島があまりに多すぎて、どれがどれか混乱してしまう。島と島とが重なれば、島の数が合わないし、横に並べば、一つの大きな島のように見えるのだ。形や位置が海図と違う島、海図に記載のない危険な岩や浅瀬もあるという。

チリ多島海の航海情報を集めた米軍水路誌にも、「この地方の海図の水深は、仮調査的なものである。きわめて慎重に航海すること」という信じられない警告文が載っている。座礁することなく、無事にホーン岬まで行けるだろうか。ふと気がつくと、人の住む島々は背後に過ぎて、前方には完全な無人地帯が広がった。

入江に停泊した〈青海〉から、岸までボートを漕《こ》いで、無人の島に恐る恐る上陸したこともある。島を覆う密林には鳥が鳴き、海岸沿いに歩いてみると、岩の割れ目に小ガニがカサカサ動いている。沢の水がキラキラ光って海に注ぐ辺りには、無数の小魚が集まり、近寄ると一斉に身をひるがえして消え、あとには透き通った水ばかりだ。潮の引いた砂浜に立つと、そんなものがあるとは想像もしなかった、貝の呼吸音のコーラスに囲まれた。町のざわめきや自動車の騒音は、遠い別世界の出来事で、町の暮らしを思い出そうとしても、無理なほど、異質な時間が流れていた。

　ボートに乗って、岸辺の水中を見て回る。海水は水道水よりも透明で、ごくごくと飲めそうなほど澄んでいた。水底のきれいな砂地には、点々と貝の呼吸穴が並び、緑や茶色い海藻の林、ウニがいくつも付いた丘、白い岩肌の山脈――飛行機で地上を見下ろしているようだ。ふと我に返って水面から顔を上げると、ペンキを塗ったように鮮やかな、オレンジ色の不思議な岩。島を覆う常緑樹の、凝視すると本当に目が痛くなるほど強烈な緑色。

　チリ多島海北部の青い透明な景色の中、ぼくはすがすがしい空気を吸って吐き、潮流の手応えを舵柄《かじえ》に覚え、潮の流れる音を聞き、空と海とアンデスの山々を心と肌で直接感じていた。

　来てよかった。ヨットで来てよかった。町にとどまっていては存在することさえ知り得ない体験が、生まれて初めての体験が、ここでは次々と続く日々だから。

第二章 魔物のすみか、チリ多島海

Episode 08

# 青い別世界に染められて

水平線にアンデスの山々と遠近の島々が細長く浮かぶ、チリ多島海北部の青い景色。画面左外側に、朝日が輝いている。右端の雪を被った山は、この地方の代表的な火山の一つ、コルコバド山（2290m）。

# 秘境の島、ダーウィンの気配

旅先や日常生活の中でも、ふとしたことから先人や祖先の行動、苦労、あるいは思いに気づき、「なるほど、そうだったのか」と、妙に納得することがある。島々の海を南下しながら、ぼくの心はどれほど時代を旅したことだろう。

※

チリ多島海に入って四五日目、延々と続く無人地帯を南下する〈青海〉は、三つの小島と岩々が並ぶ、Usborne群島に立ち寄った。

この人里遠く離れた寂しい島々は、航路からも外れ、船が訪れる理由も必要性も見当たらない。辺りの水面は未測量なのか、海図には水深の表示もない。頼りにしている米軍発行の水路誌に、情報が少しだけ載っている。

「一番大きな島の東、深さ約一〇メートルの所に小型船は停泊可。海底の質は砂」

島の岸には、確かに美しい黄色の砂浜が見えている。ならば水路誌のとおり海底も砂で、錨《いかり》は確実に利くだろう。今夜は安心して熟睡できる。

投下した錨の利きを調べるため、エンジンで船体を走らせて、アンカーロープを強く引いてみた。すると錨が滑るのだ。海底の質により最適な錨が違うから、〈青海〉に積んだ三種類の錨を、全て試すことにした。

三時間後、重たい錨の上げ下ろし作業の末、ぼくは途方に暮れていた。砂に効果が高いダンフォース型の錨でも、なぜか結果は同じだった。いや、そんなことがあるものか。砂の海底なら錨は利くはずだ。何かが、おかしい。

辺りはすでに夕暮れ時。急がないと日が沈む。夜中に風が強まれば、〈青海〉は闇の中を流されて、島々に衝突するだろう。残された方法は、錨の代わりに長いロープを海岸の木まで張ることだ。急いで手漕《こ》ぎボートにロープを積むと、黄色い砂浜に向かって漕いでいく。

岸に着くなり、唖然《あぜん》とした。自分の目が信じられなかった。両足の下にあったのは、金魚鉢に敷くような美しい玉砂利の海岸だ。黄色い浜を踏むたびに、長靴が潜り、引き抜くときは足の甲からパラパラと砂利がこぼれ落ち、少しも抵抗を感じない。海底も玉砂利なら、錨が利かないのは当然だ。パチンコ玉に錨を下ろしたのと同じだろう。

そのとき、ぼくは直感した。

「人類の歴史が始まって以来、この島に停泊した船はほとんどなく、上陸を試みたのは、ぼくが初めてかもしれない。一九世紀の昔、多島海を探検した英国船が、おそらくここを通り、美しい砂浜を見たと錯覚した。彼らはグリースを塗った小さな重りを投下して、海底の深さと質を調べたことだろう。重りに付いた細いロープをたぐって、水から引き上げたとき、海底の玉砂利にまじった砂が、グリースに付着していても不思議はない。採取した砂粒と、目の前の黄色い浜を見て、『砂の海底、停泊に適す』と報告書に記し、それが当時の水路誌に載ったのかもしれない。この人里離れた小島に彼らが上陸する理由も必要性もなく、以後百数十年以上が過ぎた今日まで、錨を下ろした船も上陸した人間も、おそらく皆無に近く、それゆえに玉砂利の存在に気づく者もなく、水路誌の記載は更新されずにいたのかもしれない」

——これは単なる憶測にすぎないが、この地方の水路誌には、明らかに昔の情報が存在する。〈青海〉に積んだ米軍水路誌、*Sailing Directions for South America*, Volume 2には、さらに南のHazard群島について、次のような記載がある。

「ビーグル号は二度、群島に停泊したが、波風に曝《さら》された最悪の場所だったという」

一八三〇年代、進化論のダーウィンを乗せたビーグル号が、多島海の探検調査に訪れた。その当時の報告が、今でも唯一の泊地情報として載っている。

この地方は、やはり秘境中の秘境なのだろう。

Episode 09

# 秘境の島、ダーウィンの気配

人里遠く離れ、めったに訪れる人も船もない、Usborne群島の海岸。島々は密林に覆われ、人工物は何一つ見当たらず、人の気配も痕跡らしきものもない。自分がどの時代に存在しているのか、確認できるものは何もない。

# 迷い込んだ暗礁地帯

気がついたとき、自分は大きな間違いをしていて、そのために最悪の状況に陥り、おそらく助からない、もうだめだと思い、それでもなんとか危機から脱出しようと、もがき続けることがある。ペナス湾縦断の航海がそうだった。

島々の海に入って八週間目、〈青海〉はチリ多島海に開いた大穴、ペナス湾を前にした。南米大陸西岸に続く大小無数の島々とフィヨルド地形は、この辺りで中断している。湾を渡って八〇キロ南に着けば、再び島々の続きが始まるのだ。

ペナス湾は、実に悪名高い場所だった。

「ゴルフォ（湾）デ ペナス、ムイ（とても）ペリグロッソ（危険）」

これまでチリの港で会った人たちは、スペイン語で口をそろえて言いながら、手のひらを上下に動かして、大波のまねをしてみせた。湾を渡り終えた付近には、危険な岩や浅瀬も点在するという。「ペナス」とは、スペイン語で苦痛を意味するとも聞かされた。

早朝四時、船室のベッドで目を開く。入江に吹き込む突風が、闇に吠《ほ》え声を上げている。大粒の雨が、ときおりデッキをたたく音。ハッチを開けて黒い夜空を見上げると、ポカリと開いた雲の穴から、さらに黒い空が顔を出し、星が一個、光っていた。

「どうしよう」。雨で視界が悪ければ、ペナス湾の南側に着いたとき、岩に乗り上げるかもしれない。

食事を終えてデッキに出ると、明るい曇り空の朝だった。風は人を威嚇するように、強弱を変えて鳴る。だが、幸いにも北風で、湾を南下するには好都合だ。すでに雨はやみ、視界もそれほど悪くない。雨上がりの冷たく澄んだ灰色空の下、鮮明な輪郭の山々が、紺青の切り絵のように見えている。

やはり決行しよう。悪天候で有名なペナス湾、何週間待っても晴天は来ないだろう。これでも今日は上天気かもしれない。

ただちに一一〇メートルのロープを引いて錨《いかり》を上げる

と、舵《かじ》を握って入江を出た。ほどなくペナス湾に入った〈青海〉は、追っ手の強風を受けて快走する。だが、船体は波に大きく激しく揺れた。

進むにつれて、背後に並ぶ鮮明な紺青の山々は、急速に色を失い、曇り空のバックに溶けるように消えていく。辺りは陰気な空と海だけの、完全な灰色の世界に変わっていた。

出発から四時間後、湾の中央が近づくと、波は急激に高まった。波頭の鋭利な三角波が、船尾に激しく追突して空に砕け、頭上にバラバラと水の固まりが落ちてくる。船体は上下左右に激しく揺れて、針路を保つのが難しい。まるで暴れ馬に乗るようだ。デッキから振り落とされそうになりながら、夢中で命綱にしがみつく。

だが、追っ手の強風に帆をはち切れそうに膨らませ、〈青海〉は灰色の海を突っ走る。空は陰気に曇っていても、心だけは晴れていた。この調子なら、日暮れまでに湾の南側に着くだろう。悪名高いペナス湾をやすやすと、何事もなく渡っているのが愉快だった。

一つだけ気掛かりなのは現在位置だ。出発から八時間が過ぎても、水平線には何もない。おかしい。すでに島々が現れる時刻……。降り始めた強い雨の中、進行方向に目を凝らす。が、そこにあったのは、次々に盛り上がる無数の波頭と、陰気な灰色の空ばかりだ。

雨が小降りになった。同時に視界が開け、〈青海〉の横に大きなピラミッド状の島影が出現した。湾の南側のアジャウタウ(Ayautau)島に違いない。前方の水平線には、雨上がりの澄んだ空気の中、鮮明な島々が切り絵のように見えている。

「ついにペナス湾を縦断した、悪天候で名高いペナス湾を渡り終えた。全てが予定どおりに進んでいる」

そう思う間に、再び雨音が強まって、真横に見えたアジャウタウ島も、あれほどくっきり青く澄んでいた前方の島々も、幻のように消え去った。辺りは再び、曇り空と海の灰色世界。雨が強い、本当に強くて一〇〇メートル先の波頭も霞《かす》んでいる。

シャワーを全開にしたような、頭に水圧を感じるほど激しい雨は、いつになればやむのか。行く手には無数の島々と危険な岩々が並んでいる。なのに、雨で見えない。〈青海〉の現在位置も分からない。このまま前進を続ければ、いつ衝突しても不思議はない。

帆を引き降ろし、停船を試みる。だが、強風の中、それは無意味な行為だった。帆を完全に降ろしても、マストが受ける風圧だけで、船体はどんどん前方に流れていく。

もはやどうしようもない。止まることも、風上に引き返すのも不可能だ。この絶対的な風の威力には、何をしようと逆らえるわけがない。〈青海〉は危険な岩々に向けて吹き流されるしか……。一方向に動くベルトコンベア、いや、止めることも逆行もできない運命と時間に運ばれるように。

舵を自作のウインドベーン(風力自動操舵《そうだ》装置)に任せると、デッキから船室に下りて、海図を前に思案する。

「現在位置が不明でも、運がよければ目標のペンギン島に流れ着く。でも、雨で視界が最悪の中、コースが左に狂えば、島の左横を知らずに素通りする。逆にコースが右に狂えば、島の右手前の暗礁地帯に突入してしまう」

危険な、降りることのできない賭《か》けだった。

気がつくと、いつのまにか雨はやんで、鮮明な視界が開けていた。〈青海〉の横には、小高い島影が見える。あの独特な三日月形は、ペンギン島の一〇キロ手前、サンペドロ島に違いない。双眼鏡をのぞくと、木々の一本一本まで確認できる。急いでコンパスと六分儀で島を狙い、方位と仰角を測定すると、海図上に〈青海〉の現在位置を作図して、ペンギン島に向かうコースの線を引く。

わずか数分後、再び雨が降りだして、鮮明な景色を一瞬にかき消した。ペンギン島まで残り八キロ。デッキに立って舵を握ると、裸のマストが受ける風圧だけで、〈青海〉は強風のうなる灰色世界を、吹っ飛ぶように流れていく。

進行方向の空には、目指すペンギン島の輪郭が、うっすらと現れた。海図に引いたコースの線と比べ、五度右に見える。おかしい。が、その意味をよく考えずに舵を切り、コースを五度右に修正した。

コースが右に寄れば、暗礁地帯に入るから、島影に向けて一直線に舵をとる。空より少し濃い灰色のシルエットは、急に鮮明な黒に変わり、岸に砕ける白波も見えてきた。

「白波、波?」

波の大きさと比べれば、それは島というより大きな岩だ。何か違う、何かが狂っている。測深器の表示も、水深四〇メートルから十数メートルに激減した。「危ない!」

急に雨が小降りになったのか、目指す島の後方に、大きな山の輪郭が現れた。

「あれだ、あれが本物のペンギン島だ」

雨で視界が悪く、距離感も大きさの感覚も全てが狂ったまま、暗礁地帯の岩に向けて進んでいたのだ。

〈青海〉は疑いようもなく、海図上で緑に塗られた暗礁地帯の中にいた。船体の横では海面すれすれの岩に高波が砕け、猛烈な水煙を上げている。その光景は全身を揺さぶるほどの迫力だ。海のパワーとすさまじさを、これほど心底から感じたことはない。座礁して〈青海〉が壊れても、命だけは助かると思っていたが、ここでの座礁とは、大波に持ち上げられた船体が、自分を乗せたまま岩に激しく投げつけられ、一瞬で破壊されて沈むことだ。

でも、だからといって、引き返すのは決定的に不可能だ。この強風と高波の絶対的な威力には、何をしようと逆らえるわけがない。どんなに頑張ろうと、風上には戻れない。

ならば、戻れない以上、引き返せない以上、暗礁地帯を突っ切るしかないだろう。でも、突っ切る隙間もないほど岩々が密に並んでいたら……。たとえそうでも、ほかに選択可能な道はない。

覚悟を決めると、海面に全神経を集中する。〈青海〉の周りでは、いたるところに高波が白く激しく砕けている。


だが、風で崩れる波と、水面直下の岩で砕ける波は微妙に違い、岩の存在がどうにか分かる。いや、確実に岩の位置を特定しなければ、〈青海〉とぼくは助からない。船体が波で高く上がるたび、前方を注意深く見渡して、危険箇所を確認し、一つ一つ避けて蛇行するように舵を切る。測深器の表示が浅くなるたびに、背中に冷や汗をかきながら、急いで船首を横に向け、水面下に潜んだ岩を直前で回避する。船体の周りで衝撃的に砕ける高波を、次々と体に浴びながら、白く泡立つ暗礁地帯の水面を、烈風に吹き飛ばされるように流れていく。

するといつのまにか、測深器の表示は再び四〇メートルを超えて、浅瀬の風下特有の、うねりも波もない静かな水面に達していた。


風雨に煙るペンギン島に近づくと、安全な湾に入って錨を投下する。

「助かった、本当に命拾いした」

でも、真っ白く泡立つ浅瀬の海、船体の横で水煙を上げる黒い岩、鮮烈な映像が心に焼き付いて離れない。

恐怖と雨の寒さで、ぼくはガクガク震えていた。

# 氷河の青いスクリーン

よせばいいのに、怖いもの見たさで寄り道をすることがある。好奇心に負けて、無謀と知りながら、危ないと思いつつも行動を起こし、ときには命を落とすこともある。〈青海〉は予定の航路を外れ、奥深い入江の中を進んでいた。

※

セノアイスバーグ(Seno Iceberg)と呼ばれる入江の存在を知ったのは、多島海に入る数週間前、チリ最大の港バルパライソで海軍本部を訪ね、多島海の情報を集めたときだった。

幅一〜二キロ、長さ二十数キロの細長い入江の奥では、アンデスの山々から氷河が海に崩れ落ちているという。

この目で一度、氷河というものを見てみたい。氷の浮かぶ水面を、ヨットで帆走してみたい。だが、それは現実性のない夢のようで、実現するとは信じられない気がした。

チリ多島海中部を進む〈青海〉が、セノアイスバーグ入江の口を前にしたのは、島々が小雨に煙る午後だった。周囲の海水は、いつのまにか白濁し、デッキから水面に手を伸ばすと、氷水のように指に染みる。顔にかかる飛沫《しぶき》には、ほとんど味がない。氷河の解けた水に違いない。

水路のように細長い入江の左右には、岩山が壁のようにそびえ立ち、吹き下ろすウィリウォウの烈風が、ときおり船体を大きく傾ける。だが、〈青海〉は追っ手の風に帆を押され、折れ曲がった細い回廊のような水面を、奥に向けて駆けていた。

行きは順調でも、帰りは向かい風になる。狭い水路で、風に逆らってタッキングを繰り返すのは困難だ。あきらめて引き返すべきなのか。

「こんなことをして、何になる。これは必要のない寄り道だ。景色を見るため、それだけのために、危険を冒してよいものか」

が、氷河を見たい気持ちが勝っていた。

水路を進むにつれて、気温は確実に降下した。この先に氷河があるに違いない。いよいよ本物を見ることができるのだ。と思いながらも、まだ信じられない気持ちだった。

やがて水路の曲がり角を過ぎると、急に視界が開け、奥が見えた。それは生まれて初めて体験する光景だった。

　前方の山々の谷間は、氷河で埋まり、水路は行き止まりになっている。水路の奥に映画のスクリーンが張られ、青白い氷壁の画像が投映されているようだ。その手前の水面には、崩れ落ちた氷が無数に浮かんでいる。薄暗い曇り空の下、一つ一つの氷塊は白く、また青く、自ら光を発するように明るい。

　両目の焦点が合わない心地だった。目の前にあるはずなのに、氷の大きさも、そこまでの距離も、何が何だか全く分からない。ぼくは興奮していた。舵《かじ》を握りながら、体を乗り出して景色に見入る自分を感じていた。

　氷塊が漂う水面の直前まで進むと、停船した。氷に少しでも接触すれば、船体に穴が開くかもしれない。これ以上の前進は無理だろう。しかも帰りは向かい風だ。急いで戻らなくては途中で日が暮れて、安全な停泊地に着く前に闇が来る。写真を数枚撮ると、ただちに船首を回して帰路につく。

　戻りながら、何度も後ろを振り向いた。氷が漂う水面の先に立ち上がる、映画のスクリーンのような青い氷河は、あまりにも美しすぎる。とても現実の景色には思えない。浮き氷の間を通過して、あの氷河の直前まで行ってみたい。が、それはできない。それは無謀で、やってはならないことなのだ。

　しばらく進み、もう一度後ろを振り向いた。双眼鏡を握って詳しく観察する。氷で埋まって見える水面にも、氷がまばらなところがあるようだ。浮き氷に接触せずに、氷河の直前まで行けるかもしれない。

　ぼくは船首を回すと、青いスクリーンに向けて再び前進を始めていた。それがどんな結果につながるか、理解していたはずなのに。

章 魔物のすみか、チリ多島海

Episode 11

# 氷河の青いスクリーン

アンデスの山々から氷河が崩れ落ちる、セノアイスバーグ入江。前方の山々の谷間を、青白い氷河が埋めている。その表面は薄汚れて見えるが、海に崩れ落ちた氷塊は心に染みるほどの青色だ。

# 物々交換の村

温かい寝床の中に、いつまでも入っていたいと思うことがある。現実を忘れ、夢の中に住み続けたいと願うときもある。チリ多島海の小さな村で、ぼくは航海という夢の中、さらに夢を見ていたのかもしれない。

※

プエルトエデンは、チリ多島海の中ほど、ウェリントン島に位置している。

辺り一帯の海面には、険しい岩山の無人島が見上げるばかりにそびえて並び、人影も家畜も建物も、ぞっとするほど何もない。一番近い町でさえ、海路で五〇〇キロも離れている。プエルトエデンは、広大な無人地帯に孤立した村だ。

南米にスペイン人が渡来したのは、一六世紀の昔。だが、はるか以前からアラカルフ(Alacaluf)という民族が、この地方に住んでいた。

「えっ、プエルトエデンだって？　あそこは先住民の村で、とんでもない所だよ。お金は通用しなくて、何でも物々交換だし、荷物は知らないうちに持ち去られてしまう。悪意というより、他人の物と自分の物の区別がないのだ」

以前に寄ったチリの町では、こんな噂《うわさ》も聞いていた。

荒涼としたエデンの港に着いたとき、多島海を南下する旅は九週間目に入っていた。小さな木造桟橋に〈青海〉を泊めて、静まりかえった島の岸辺を踏んでいく。

なんと寂しげな村だろう。粗末な家が少し並んでいるだけで、道と分かる道は一本きりだ。湿地のような地面には、草木が弱々しく生えている。長靴がめり込んで、歩きづらい場所もある。南緯五〇度に近い、寒い最果ての土地だった。

人の住む島に来たのは一か月ぶりだ。新鮮な肉と野菜の入手方法を聞くために、カラビネーロ(警察官)の駐在所を訪ねてみる。民家のような木造平屋の正面には、赤、白、紺に塗り分けられたチリ国旗が掲げてある。

「この島では、寒くて野菜は育ちません。肉も、住民たちは月一回ほど食べるだけで、入手困難です。二週間に一度、補給船が生活物資を積んできますから……」

ガルシアという大男が、戸口で気の毒そうに答えてくれた。

チリの町で見た警官は、草色の制服を着てサブマシンガンを握っていたけれど、彼は普段着のセーター姿だ。人口三三〇の小村に、カラビネーロが四人も派遣されていた。

　卵だけでも手に入れようと、ぼくは村を歩きだす。背中の青いバッグには、少しだけ着古したズボンとセーターが入れてある。この貧しい村の住民は、古着を欲しがるそうだから、卵と交換できるだろう。

　やがて見つけた、物置小屋のように粗末な家。周りの地面に数羽のニワトリが走っている。近づく人の気配を察したのか、壊れたドアの隙間に若い男が顔を出す。ぼくは自信のないスペイン語で言ってみた。

「卵を欲しいのです。航海に必要なので」

「ないね」

　人相ばかりか、愛想までも悪いやつ。

「あのう、衣類と……」

　それを聞くなり男は態度を変えて、家に招き入れた。牢獄《ろうごく》のように小さな窓穴があるだけで、室内は夕方のように薄暗い。家具らしい物も見当たらず、貧しく陰気な家だった。

　男は妻を呼ぶと、二人で古着を手に取って、やけに念入りに調べて言う。

「なんだ、こんなボロは欲しくないよ」

　一瞬、ぼくは開いた口がふさがらない。なんてぜいたくな人たちだ。古いには違いないけれど、汚れもないし穴もない。だいいち、ぼくの着ている服より立派なはずだ。バカにされたようで悔しいけれど、身振り手振りで何度も頼んで、泥の付いた八個の卵を手に入れた。

　翌日も、陰気な小雨が降っていた。

　目標のホーン岬まで、まだまだ数か月も続く多島海の船路。島の入江や湾に出入りするたびに、〈青海〉の小さなディーゼルエンジンを使うから、ここで燃料の補給をしておきたい。カラビネーロの話では、自家用の軽油を持つ住民がいるらしい。教えられた家に向けて、海岸線を歩きだす。雨の浜には、数隻の壊れかけた小舟が引き上げられて、辺りをさらに寂しく見せていた。

　ほどなく着いた海辺の民家は、よそに比べて少し立派で、窓には大きめのガラスも入っている。この村では富豪なのだろう。

「デ(〜から) ドンデ(どこ) ビニステ(来た)？」

「デ ハポン(日本)」

玄関先で、皆との会話が始まった。母国を離れて一年半が過ぎたこと、チリ沿岸を半年ほど旅していること、軽油が必要なわけも説明した。

「日本では、どんな職業だったのかい？」

年配の小柄な男が聞いた。主人のようだ。

「コンピューターソフトの制作です」

すると男は、家族の前で物知りげに言う。

「ははあ、それはきっと電気関係の仕事だな。そんなら電気の故障を直せるだろう。ヤマハの発電機がスタートしなくて困っている。直してくれ」

「コンピューターのソフトは電気と関係ないですよ。それに、スタートしないなら、電気よりもエンジンの故障です」

この村には電気もない。ただ、カラビネーロの宿舎と少し裕福な民家では、日暮れとともに小型発電機が音を立てて回りだす。

「ともかく、あんたは日本から来た電気技師だ。日本製の発電機を直せるはずだ。修理できたら軽油はタダにしてやる」

勝手に勘違いされても困るけれど、エンジン直しは手慣れた仕事だ。ぼくは軒下でレンチを握ると、分解修理に取りかかる。

二時間後、小さな二サイクルエンジンが心地よい音を鳴らしてスタートすると、彼らは一斉に部屋に入って裸電球をともし、皆でカード遊びを始めていた。

軽油三〇リットルと、ムール貝をバケツに山盛りもらって、ぼくは笑顔で引き返した。


発電機を直した話が、一晩で村中に広まり、翌朝から騒ぎが始まった。というのも、この島の住民たちは、漁業で細々と生計を立てていたからだ。ムール貝やハマグリを採り、燻製《くんせい》を作っているらしい。意外にも、彼らの小舟の動力は、帆でもオールでもなくて、米国や日本製の船外機だ。最果ての村に、こんな文明の利器があろうとは。が、ぼくにとっても不運なことに、大半は故障していたのだ。

村人たちは修理を頼もうと、〈青海〉の前に押しかけた。彼らにとって船外機は漁業の大切な道具だ。一台の値段は年収を超えている。貴重な財産に違いない。この村では修理が不可能で、困り果てているはずだ。ぼくはしぶしぶ、彼らの力になろうと決めていた。

それから丸二日、船外機の修理作業に明け暮れて、ついに悲鳴を上げていた。一つが終わると次が来る。これでは村を永遠に出られない。ぼくは急いで修理道具を片付けると、カラビネーロと別れの握手を交わし、長靴とカッパを身に着けて、〈青海〉のエンジンを始動する。「さあ出発！」が、なぜかエンジンは全くスタートしない。始動ハンドルに力を込めて回しても、ぐるぐると空転するばかりだ。

結局、出港は延期になって、今度は自分のエンジンを直す番が来た。それはピストンや排気バルブも外す大仕事だった。

「村を逃げ出そうとしてバチが当たったな」と思った。

船室の床と両手を油まみれにして、修理は翌日も続いていた。窓の外を眺めると、海は相変わらず陰気な雨景色だ。その灰色一色の水面に、おんぼろの小舟が黒い姿を現して、〈青海〉の横に近づいた。薄汚れたセーター姿の老人が、雨にぬれっぱなしで乗っている。

彼はゴトリゴトリと音を立てて、〈青海〉のデッキに大きな赤いカニを置く。セントージャと呼ばれる多島海の高価な特産品だ。船外機を直したお礼と彼は言う。一匹だけでもうれしいのに、こんな立派なカニをまさか五匹もくれるらしい。ぼくは船室の奥から、取って置きの米国製粉ミルクとスープミックスを出すと、あわてて彼に手渡した。

これから毎日、カニばかりの食事だ。食べ過ぎて病気にならないだろうか。まあ、せっかくカニの産地に来たのだから、カニを飽きるほど食べてもいいだろう。それに、よく考えてみると、船外機の産地から来た者が故障を直し、カニの産地の人が交換にカニをくれる、これはきわめて自然な感じがした。

到着から一週間後、〈青海〉はプエルトエデンを後にした。

本当は出発したくない。再び始まる困難な旅路、降り続く雨に目前の岩も見えない危険な航海、日暮れまでに次の入江に着くか不安の連続、暗闇に吹く強風に脅《おび》えて過ごす停泊地の夜。これらが、また戻ってくる。可能ならばエデンの園にとどまりたい。

が、それはできない。すでに南半球は秋も間近い二月なのに、多島海の旅は、やっと半分終わったばかりだ。急いで南下しなくては、ホーン岬に着くのは冬になる。

ぼくと〈青海〉は覚悟を決めて、またもや秘境の海を走りだす。

第二章 魔物のすみか、チリ多島海

Episode 12 物々交換の村

プエルトエデンから100㎞ほど南、チャルア（Charrua）泊地の奥に停泊中。チリ多島海の山間では窪地（くぼち）に雨水がたまり、いたるところに湖ができている。それらの水があふれだし、いくつもの滝をつくる。

# 未知の惑星を旅するようだ

宇宙から来た物体を目撃したように、生涯で一度も見ていないものが目前に現れ、情報を処理できずに脳がパニックになったとき、どうすればよいのか。〈青海〉とぼくは、そんな奇妙な世界を旅していた。

※

南米大陸の太平洋岸に、大小無数の島々が延々と続く、パタゴニアの多島海。町や村は数えるほどで、九九パーセント以上が無人島だ。その人里離れた寂しい海を、〈青海〉はホーン岬に向けて南下する。

毎晩、島陰に錨泊《びょうはく》しながら、翌日の航海計画を練り上げる。アメリカ国防総省発行の水路誌を熟読し、赤ペンで岩や潮流などの注意事項をマークする。一〇〇枚近い米国、英国、チリ製海図から数枚を選び、見比べて信頼性を確かめ、地形や水深を調べ、翌日の停泊地を決め、４Ｂ鉛筆でコースの線を引く。天気の急変に備え、安全な避難場所も探しておく。航海というよりは、まるで事務作業に来たようだ。

チリ多島海を南下するにつれ、複雑に入り組むフィヨルド状水路の左右には、不気味な岩肌の島々が、見上げるほど高々とそびえ立ってきた。周りの景色は、ただごとではなかった。それは常識の範囲を超えていた。とてもこの世のものとは思えない。恐ろしいのか、それとも美しすぎるのか分からない。ただ、すさまじいことは疑いようもない。すごさに慣れて、すごさの分からなくなった自分に、ふと気づく。

一年のうち三三〇日が雨降りという、チリ多島海の中部地域。島々は不気味な濃い紫色にぬれ、奇怪な岩肌をさらし、暗い雨雲の下に続く。焼けただれたように陰惨な斜面、腫瘍のような醜い突起に覆われた山もある。過酷な風雨に浸食された、草も木もない丸裸の巨大な岩からは、命の一かけらも感じない。そこはあたかも魔物のすみか。ぞっとするような死の世界。

島々は標高数百メートル……。そう思って海図を調べると、実は一〇〇〇メートル以上のときもある。海の上では感じ方が陸と違うのか。スケールの大きさに感覚が麻痺《まひ》したのか。

大昔、海底が隆起を始めてアンデスの山々ができた。それらの谷間は氷河に深く浸食され、後に海水で埋まり、無数の頂上が島々になった。その水面を、ヨットに乗って旅している。飛行機で山脈を飛ぶようだ。いや、未知の惑星に来たようだ。目前の景色は地上のものとは思えない。荒涼とした島々の姿と色は、人間の想像力を超えていた。

日本を出る前、『ホーン岬への航海』(ハル・ロス著、野本謙作訳)を読み、写真と文が語る多島海の異様な島々の景色、悪魔の仕業のような山々の姿と色彩に、何度もため息をついていた。地球という惑星の、四十数億年に及ぶ壮大な歴史、人間を超えた途方もないパワーの存在を、身震いするほど強烈に感じていた。でも、今、目の前に広がる景色の迫力は、比較にならないものだった。

「いかなるカメラも捉えることができず、どんな文章も表現不可能な、地球に残る最後の秘境の野生美」。チリ政府発行の観光ガイドブックは、こう説明する。

それでも、わけも分からず、ぼくは夢中でカメラを向けていた。いや、写真を撮るよう、景色に強制されたのだ。食費を削って買ったフィルムは、どんどん減っていく。これ以上、鮮烈な映像が現れないでほしい。心の底から願っていた。

けれども、島々の隙間を走る〈青海〉から、奇怪な山々を見上げるたびに、抑えきれない感情が、どうにも逆らえない衝動が、心に強く湧き上がる。デッキに立って写真を撮らずにいられない。何度もシャッターボタンを押した後、やっと満足してカメラを船室に置きに行く。だが、再びデッキに戻ったとき、またしても両目に飛び込む山々の姿に驚いて、カメラを取りに引き返す。その繰り返しだった。

カメラをしまう数十秒間、ほとんど景色は変化しないのに、再び驚いてレンズを向けるのは……。大変なことに気がついた。この想像を絶する光景は、写真どころか記憶にさえ残らない。生まれてから一度も類似のものを見ていないとき、それを人はすぐに記憶できるものだろうか。

第二章

# 魔物のすみか、チリ多島海

Episode 13

## 未知の惑星を旅するようだ

チリ多島海の中部地域では、狭水路の左右に不気味な岩山がそびえ立つ。岩肌に一筋、白く流れ落ちる滝を確認できる。軽風の中、船首の帆一枚を揚げて前進中。ほぼ一年中降り続くという雨は、一時的にやんでいる。

# ウィリウォウ

特定の人物や芸術作品、自然災害や最新の科学技術など、そのすごさを本で読んだり、噂《うわさ》に聞いたりすることがある。だが、実物に巡り合って初めて、驚異的なパワーを心底から実感するのかもしれない。その一つが、ウィリウォウと呼ばれる烈風だった。

※

密集した島々の間を南下する〈青海〉が、五度目のウィリウォウに遭ったのは、南緯五二度、イスマス(Isthmus)入江の中だった。

奥行き三キロほどの細長い入江の両側には、荒々しい不気味な岩山が、雨にぬれて人を威圧するようにそびえ立つ。ぞっとするような谷間の入江、この世の果ての荒涼とした光景だ。

島々の間をごうごうと吹く強風も、入江の中には届かない。周りの険しい山々が、衝立《ついたて》のような働きをして、風の侵入を防いでいた。米軍発行の水路誌にも、「One of the best anchorages」と記載がある。この安全な停泊地で、ゆっくりと今夜は休息できるだろう。一日の航海を終えた〈青海〉は、静まりかえった入江の奥に進み、二本の錨《いかり》を投下した。

入江の口を通り、猛烈な風が吹きだしたのは、天気の回復を待っていた翌々日の朝だった。マストは不気味な低周波のうなり声を上げ、デッキに置いた帆が破れそうなほど暴れる音もする。ぼくは急いで船室から駆け出ると、体も吹き飛ばされそうな風の中、帆に打たれて怪我《けが》をしないように近づいて、手早く帆にロープを巻き付ける。

船室に戻って窓から見ると、周りの海面は白波に覆われて、マストに当たる突風が、ときおり船体を大きく傾ける。入江の岸では木々の枝が、今にも折れそうなほど曲がっている。圧縮空気の塊のような突風が、もうもうと水煙を上げて入江を駆けるたび、水面に浮かぶ鳥たちを転がすように投げ飛ばす。船尾につないだ手漕《こ》ぎボートは宙に何度も舞い上がり、ついに水没して姿を消した。

さらに風が強まれば、錨が滑り、〈青海〉は吹き飛ばされてしまうだろう。ジェット戦闘機を間近にしたような、正気でいられない風の音。船体の周囲に発生した乱気流が、ぼくの体を強烈に揺するほど、船腹をすさまじく振動させている。急いでどうにかしなくては、厚さ五ミリの船腹が疲労破壊して、〈青海〉は沈没するだろう。——と思いながらも、全身を襲う轟音《ごうおん》、振動、恐怖に何もできず、布団をかぶって震えていた。

　この地方の風は、間違いなく常識を超えている。気象観測所が設置されたEvangelistas島のデータによれば、台風並みの風力八を超す風が、週に一度か二度は吹き荒れる。船室の気圧計の表示も、台風並みの九七四ヘクトパスカルまで降下した。とんでもない所に来たものだ。

　だが、どんな嵐も不運も困難も、永遠に続くことはないだろう。ウィリウォウの烈風が収まると、〈青海〉は入江を後にして、島々の隙間に帆を揚げる。途中で雨が強く降り始め、周囲の景色をかき消すと、灰色一色に塗られた世界をコンパスと測深器、おそらく第六感も頼りに舵《かじ》をとる。やがて雨が弱まると、灰色のカーテンが落ちたように、進路の左右に奇怪な紫色の岩山が、高々と屏風《びょうぶ》のように続いて現れる。あの独特な濃い紫は、嫌というほど目に染みる。

　でも、おかしい。その中の小島の一つが、ペンキを塗ったように赤いのだ。海図を調べると難破船だ。

　双眼鏡を向けて観察する。デッキの上は四階建てに見え、横倒しの状態で船首は水没し、空中に船尾のプロペラが突き出ている。いったい、何が起きたのか。

　南米南端のホーン岬まで、〈青海〉は無事に航海できるだろうか。

第二章　魔物のすみか、チリ多島海

※

Episode 14

# ウィリウォウ

荒涼とした景色が続くチリ多島海中部の難破船。横倒しの船体の右端には、船尾の黒いプロペラ、
その左にブリッジや煙突らしきものも確認できる。長年放置され、船体は赤々と錆（さ）びている。

# 消滅した航路標識

ある人物や道具などを信頼できる、頼れるという前提で、前進を続けることがある。
だが、いざ苦境に陥ったとき、頼るべきものが消えていたら、どうすればよいのか。パタゴニア南部の海峡で、ぼくは失望と恐れの中にいた。

※

チリ多島海に入って約三か月、〈青海〉はマゼラン海峡に達していた。

次の停泊地に決めたのは、海峡の西口に近い、直径数キロのタマール島だ。頼りにしている米軍水路誌には、「泊地の入り口は危険であり、視界良好時のみ接近すべし」と、警告文が載っている。

水路誌によれば、入り口には白い柱状の航路標識（おそらくコンクリート製）が設置されている。それを目指して進めば問題ないはずだ。ぼくはタマール島に〈青海〉の船首を向けていく。

だが、マゼラン海峡は間違いなく烈風の海だった。ジブ（前帆）一枚で走る〈青海〉を、強烈な西風が大きく横に傾ける。

周囲の海面では、波長の短い波が高く盛り上がり、緑色に巻き崩れ、水煙となって飛んでいく。乱気流の空からは、ときおり雹《ひょう》がバラバラと落ちてくる。

船体に次々と当たって砕ける波は、デッキを絶え間なく包んで流れ、〈青海〉は潜水艦のように水中を突き進んでいる心地がする。デッキを覆う水に波紋が付くほど風が強い。不意に、頭上で大波が崩れた。ぼくはあわててコクピットにしゃがみ込む。全身に水をどっぷりかぶったが、危うく落水をまぬがれた。

前方の海面には、標高四二九メートルのタマール島が、ほどなく姿を見せてきた。泊地の入り口には危険な岩々が点在しているが、航路標識を目印に進めば安全だ。海図上で標識の位置を再確認すると、タマール島に向けて一直線に舵《かじ》をとる。

が、おかしい。近づけど近づけど、航路標識は現れない。双眼鏡で白い柱を探し、さらに進み続けても、人工物らしきものは何もない。

気がつくと、海面の所々に水柱が立っている。入り口の危険地帯が迫っているのだ。

航路標識はどこにあるのか。それとも、この島はタマール島ではないのか。いや、間違いのないよう、慎重にコースをとってきたはずだ。

「そうだ、標識は消えたのだ。マゼラン海峡の波風で破壊されたのだ」

前方に危険な岩々が並ぶのに、安全な航路を示す標識は消えていた。〈青海〉の位置を判断しようにも、海図には水深すら満足に載っていない。ぼくは周囲の地形を海図と何度も見比べて、懸命に位置を推測しながら、全身の神経を張り詰めて舵をとる。わずかな失敗も許されない。

水路誌によれば、水中に隠れた岩の周囲には、ケルプ(大型海藻)が生えているという。海面の微妙な色の変化に細心の注意を払い、ケルプの切れ目を探して水中の岩々を避けながら、やっとの思いで〈青海〉を島陰の湾に入れていく。

それにしても、なんということだろう。命からがら着いた停泊地の眺めは、見てはならぬものを見たような、思考が一瞬停止するような、神の姿を仰ぐような、威厳に満ちた紫色の岩壁の光景だ。見るというより、全身に岩を浴びるようなのだ。人間をはるかに超えた存在、四十数億年という地球の命、気も遠くなるほど長い時間と歴史が、心に直接染み込むようだった。

自分の命が危険にさらされた極限状況だからこそ、人間を超える存在、偉大な命を、全身で実感できたのかもしれない。

ライトのように当たり、岩肌を黄色く染めている。後方の急斜面は、標高400mほどもある。

# 烈風のマゼラン海峡を行く

自分の将来が見えないまま、止まることすら許されず、不安を覚えながらも前進を強いられることがある。幸運を信じ続ける以外、何一つできないときがある。マゼラン海峡を進む〈青海〉は、そんな日々の中にいた。

※

ホーン岬に向けてチリ多島海を南下する〈青海〉は、サンフランシスコで特注した極小のストームジブ一枚に烈風を受け、マゼラン海峡を東に駆けていた。

海峡の幅は、この場所で約一〇キロ、瀬戸内海のような狭い水路で、これほどの波風に遭おうとは。

周囲の海面では、いたるところに波が巻き、心に染みるような緑に崩れ、水面をごうごうと水煙が飛んでいく。盛り上がる波の斜面をよく見ると、平行線状の波紋さえ付いている。

なんという風の強さだ。後方から船体を追い越す水煙の息の中、「あまりにも強すぎるな」と思った。

正直なところ、怖かった。ぼくはコックピットに立ったまま、ダウンホール(Downhaul)のロープを引いて、全ての帆を降ろしたのだ。

それでも船体とマストに当たる風だけで、〈青海〉はマゼラン海峡を東に突っ走る。ローリングのダンパーとなる帆がないのに、なぜか横揺れが少なくて、走りは奇妙に安定していた。舵《かじ》をウインドベーンに任せて船室に下りると、プリマス灯油バーナーに点火して、昼食の用意に取りかかる。

「日暮れまでに、次の停泊地に着けるだろうか?」

到着前に日が落ちて視界を失えば、この狭い海峡で、しかもこれほど強い風の中、〈青海〉は座礁するか岩々に衝突するだろう。

マゼラン海峡の中ほどには、南米大陸最南端フロワード岬が突き出ている。海峡より南の陸地は島々で、それらの南端にホーン岬(ホーン島)が位置している。

フロワード岬でコースを東進から北進に変え、アンブレ泊地(Puerto del Hambre)を目指したい。が、岬を回った後、風はどうなるのか。

両側を山々に挟まれた狭水路では、風は水路沿いに吹く傾向がある。しかし、その向きと強度の予測は難しい。上空の風向の小さな変化が、山々の影響で海面の風を激変させる場合があるからだ。フロワード岬を回った後の風は、周囲の地形から推測する限り、劇的に弱まるか、真正面からの強風に変わるか、どちらかだった。

仮に後のケースが現実となり、これほどの烈風が向かい風となれば、狭い水路でタッキングを繰り返してジグザグに走りながら、しかも風で起きた表層流に戻されながら、前進できる見込みはない。

いや、もし可能で、風上に少しずつ移動できたとしても、途中で必ず日が沈み、陸が全く見えない暗闇の中、人里遠く離れた本物の闇の中、〈青海〉とぼくは、おそらく座礁してしまう。

この烈風がいつまで続くのか。岬を回った後、風はどう変わるのか。向かい風だったら、どうすればよいのか。全てが未知で、不安で、助けてくれる人はもちろんなく、頼れるのは自分自身だけだった。いや、これほどの風の中、自分は何もできないことを、パタゴニアの航海で嫌というほど学んでいた。

でも、そのとき、ぼくの心は希望と勇気で満ちあふれ、少しの絶望感も抱いていなかった。岬を回れば風が弱まり、自分は必ず助かるという信念が、なぜか全身に満ちていた。最悪の結末を極度に恐れ、途方に暮れながらも、ぼくはひたすら幸運を信じていた。

魔物のすみか、チリ多島海

※Episode 16 烈風のマゼラン海峡を行く

84

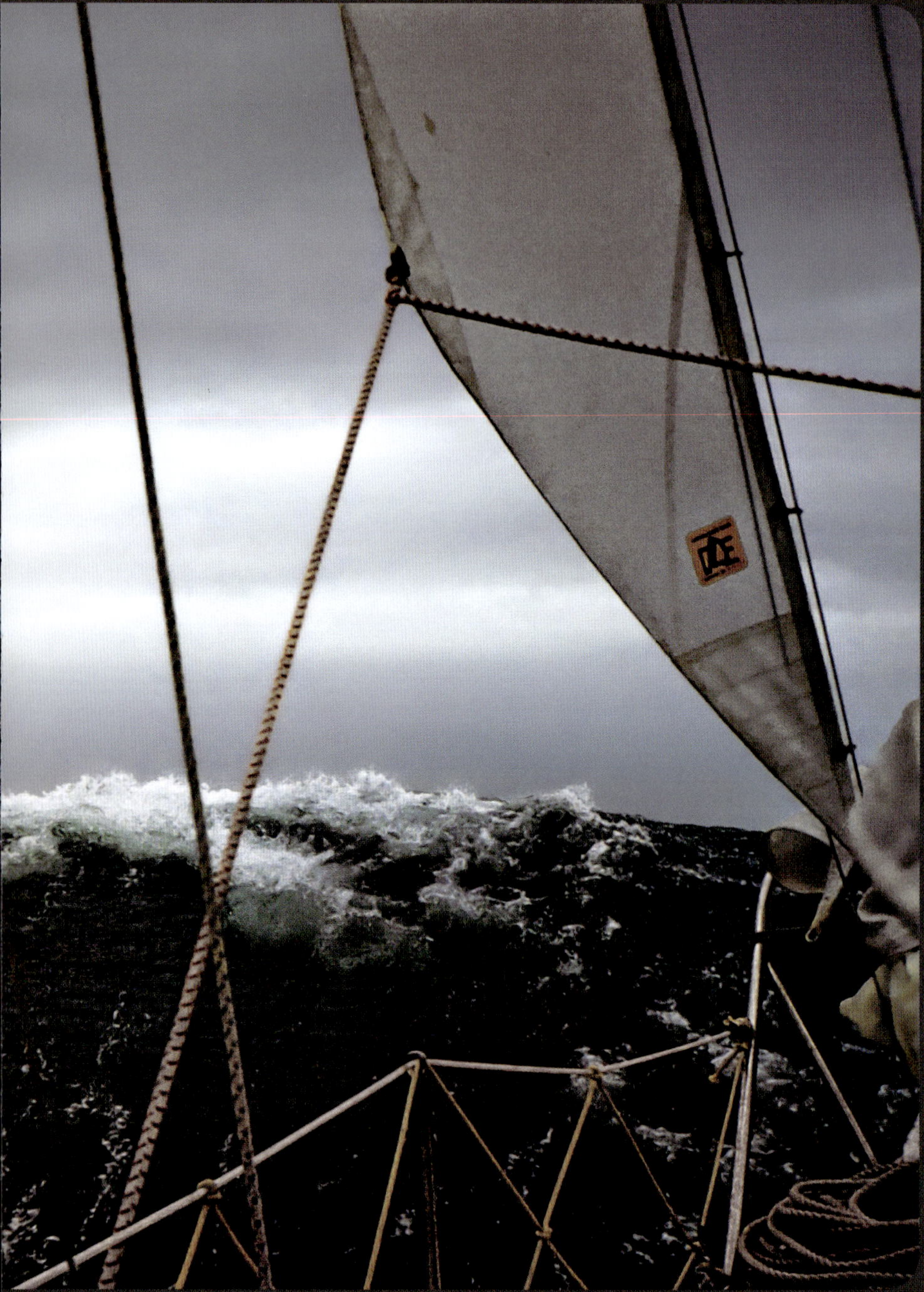

マゼラン海峡の中ほど、南米大陸最南端フロワード岬。追っ手の強風をジブ（前帆）一枚に受け、吹き流されるように前進中。波の頂上では水が踊り、発生した泡が水面の一部を緑に染めている。

# 平穏な海の落とし穴

順調に物事が進み、しばらく平穏な日々が続くと、危機意識が薄れてしまうことがある。過去の失敗と苦痛を忘れ、無防備なまま平気で前進を続けることがある。烈風のマゼラン海峡を脱した〈青海〉は、穏やかな晴天の海を駆けていた。

※

南緯五四度のモーリス湾で一夜の休息をとった後、〈青海〉は次の停泊地に向けて出発する。帆が役立たないほど弱い風の中、三・五馬力の小さなディーゼルエンジンを軽快に鳴らし、波のない平穏なコクバーン水道を駆けていく。

空からは陽光が静かに降り注ぎ、周囲にそびえる壮大な山々の姿と青い色彩は、あまりにも素晴らしく、高い頂上には氷河が光っていた。つい先日まで一か月半も航海したチリ多島海中部、雨にぬれた不気味な山々の景色と強風は、遠い昔の夢のようだった。

出発から五時間後、次の停泊予定地、ソフィア湾を目前にしたとき、南半球の太陽はまだ北天に輝いて、さらに三五キロ先のニーマン湾まで行けそうだった。いや、無理かな、ぎりぎりかな。向かい風が吹くか、潮流に押し戻されれば、ニーマン湾に着くより先に日が暮れる。

そう思い悩んで決断を延ばす間にも、〈青海〉はコクバーン水道をどんどん駆けていく。気がついたとき、すでにソフィア湾は後ろに過ぎていた。

この調子なら、日暮れまでにニーマン湾に着くはずだ。やはりニーマン湾を目指して前進を続けよう。少し無理かな、いや、大丈夫なはずだ。

行く手の平穏な水面には、途中の岬や小島が予定どおり現れ、全てが順調に進んでいく。先日まで続いた強風の中の航海、神経を張り詰めた日々、鋭い刃物を握り続けるような緊張感を、ほとんど忘れかけていた。

前方の海面には、やがてニーマン湾の口が見えてきた。気がつくと辺りは薄暗い。時計を見ると、すでに午後七時を指していた。

「しまった、時間の見積もりを誤った。前方から来る潮に押し戻されていたのだろうか。とんでもない失敗をしでかした」

湾内の停泊予定地に着いたとき、ほとんど辺りは真っ暗で、周囲の状況もデッキの上も見えず、〈青海〉の位置は全く分からない。錨《いかり》を打つ場所の判断も、ボートを漕《こ》いで陸の木にロープを張る作業も不可能だ。このままでは夜中に潮や風に流される。どうしよう。

　ふと、耳を澄ますと、かすかに水の流れる音がする。海に小川が注いでいるのだ。

　川口付近の海底には、砂や泥が堆積《たいせき》し、錨の利きがよいはずだ。岸が遠いか近いか少しも分からず、目を開いていることさえ不確かな深い闇の中、ぼくは灯台の明かりを目指すように、川音に向けて微速で前進を開始する。しだいに減少する測深器の表示が水深二〇メートルを切ったとき、ＣＱＲ型アンカーを闇の海面に投下した。

　だが、エンジンで引いて利き具合を調べると、錨は海底を滑るのだ。ヘッドランプの光を頼りに、錨のロープを一〇〇メートルまで伸ばしてみる。するとどうにか食い込んだが、風が強まれば錨が外れ、〈青海〉は流されてしまうだろう。

　念のため、陸までロープを張りたいが、湾の状況が全く不明な闇の中、ボートを漕いで〈青海〉を離れれば、どんな危険に遭遇し、どんな事故が起こるか分からない。

　やはりあのとき、最悪の場合を想定し、前進をあきらめて、ソフィア湾に〈青海〉を入れるべきだった。心の隅で、もしかすると間に合わないと知りながら、前進を続けたのではなかったか。海が穏やかで、あまりにも平穏な時間が続いたものだから……。

Episode 17

# 平穏な海の落とし穴

マゼラン海峡から20㎞ほど南、モーリス湾付近の朝。雲間に昇る太陽が山々の氷河を光らせている。無風のため、エンジンのみで前進中。画面右端のデッキには、いつでも揚げられるように帆が準備されている。

# 水没した山々の海で

目標到達はまだ先なのに、想像もしない人物や情景に出合い、
チリ多島海を進む〈青海〉は、パタゴニア最南部に達していた。

やってよかった、自分の選んだ道は間違っていなかったと、早くも確信することがある。

〈青海〉を入手する前、横浜の会社で残業と休日出勤に明け暮れながら、この最果ての地をどれほど夢見たことだろう。

東京・築地の海図販売店で求めた一枚の海図、米国防総省発行22ACO22032。一辺が一二〇センチ近い、その大きな海図を会社の寮の床に広げて膝をつき、コクバーン水道、バスケット島、スチュアート島……、どれほど思いをはせたことだろう。

日本を出発後、寄港地でガーデナーとして芝刈り機を押しながら、あるときは砂漠の自動車整備工場でスパナを握って働きながら、この地をどれほど夢見たことだろう。

今、その憧れの地が、紛れもなく自分の前に続いている。こんなことがあるだろうか。こんなうれしいことがあるだろうか。それにしても、これほどものすごい景色があるだろうか。

※

ある日、停泊したオカシオン入江(Seno Ocasion)で、ぼくはポリプロピレン製折りたたみボートを組み立てた。〈青海〉のデッキに置いた全長二・八メートル、高さ一五センチほどの平たい船体を広げ、座席板を差し込み、二本のオールを取り付け、非常時に備えて小さな錨《いかり》とロープを積むと、岸を目指して漕《こ》ぎだした。

入江の奥には、肌色の岩山が大きく三角形にそびえ、背後に断崖が切り立っている。周囲の岩山には、所々に大きな岩の塊が、まるで誰かが置いたように載っている。雲間に見え隠れする太陽が、ときおり岩肌を照らすと、光の当たった部分だけがピンクや黄金色に輝いた。光線の加減一つで、次々と色を変える不思議な岩山の姿は、とてもこの世のものとは思えない。

ひしひしと威圧感が伝わる壮大な景色の中、ぼくは猛獣に見つめられた小動物のように、山々を見上げて息をのみ、

岸までボートを漕いでいく。

辺りの海岸には、険しい岩の斜面が続き、上陸できそうな場所は見当たらない。少しなだらかな所を見つけると、ぼくはボートを岩の斜面に引き上げた。もやいロープを近くの小岩に巻き付けて、山の急斜面をゴム長靴で踏んでいく。ふと、足元から岩のかけらを拾い上げると、白っぽい鉱物の間に、無数の黒い結晶が光っていた。

頂上に着くと、入江を見下ろした。荒々しい岩山に囲まれて、さざ波がときおり走る水面に、〈青海〉がぽつりと白く小さく浮いている。

なんという景色だ。なんという場所に自分はいるのだ。このすさまじさ、人間を威圧する岩々と海の迫力は、いったい何物なのだろう。自分は体のどこで、何を感じているのだ。目の前の景色は本当に現実のものなのか。

背中のバッグからカメラを取り出すと、ファインダーをのぞく。この迫力の数分の一さえも、写真に撮り切れないと知っている。どんな文章にも決して表現できないと知っている。

でも、よかった。本当に来てよかった。日本を出るまで、そして航海中も寄港地でも、決して楽な日々ではなかったけれど、日本でサラリーマン生活を続けていたら、このすさまじい景色と驚きには出合えなかった。地球がこれほど美しく感動的な水の星であることを、自分の体で直接知り得なかったに違いない。

※ Episode 18

# 水没した山々の海で

チリ多島海最南部、フエゴ島のオカシオン入江。壮大な景観で知られている。岩山の頂上が
太陽の光を浴びた瞬間、対岸の山から撮影。停泊中の〈青海〉が下に小さく見えている。

# 氷河と嵐の水道

ゴールを目前にして、不安が心を占領し、やはり無理かもしれないと悩み始め、先の見えなくなることがある。力不足を実感し、自分にできるはずがないと、頭を抱えることもある。〈青海〉とぼくの行く手には、憧れのホーン岬が迫っていた。

※

嵐の始まりは、モーニング入江に着いた翌日だった。周りを山々に囲まれた小さな入江の上空を、雪まじりの風がヒューヒューと走り抜け、ときおり霰《あられ》がバラバラとデッキに打ち当たる。ビーグル水道のうねりが入江の中まで押し寄せて、〈青海〉は上下に揺れていた。水道では雪嵐が吹き荒れているに違いない。

パイロットチャート(気象海図)のデータによれば、これから目指す四月のホーン岬では、卓越風の風力が平均六に達している。平均六ということは、風力二の軽風のこともあり、ときには風力一〇の猛烈な嵐にもなるだろう。それほど強い風の中、ホーン岬を無事に通過できるのか。

三日ほどで雪嵐が収まると、〈青海〉は入江を後にして、ビーグル水道に進み出る。一五〇年以上も昔、進化論で知られるダーウィンがビーグル号で通った水道だ。日本を出る前、海図を眺めながら、この日々をどれほど夢見ていた。

たことだろう。

幅数キロの狭い水道には、青白い氷片が所々に浮かび、岸辺の山々からは、氷河が海に崩れている。雪景色の中、氷河の青がひときわ鮮やかだ。ロマンチェ氷河、アレマニア氷河、フランシア氷河、イタリア氷河、オランダ氷河、わずか二十数キロ間に、壮大な展覧会のように並んでいる。

あの氷壁の高さは何百メートルあるのだろう。青い不思議な色彩と鉱物結晶のような表面は、目を向けるたび、心に強く染みてくる。

氷河の解けた水が、山腹から滝となって流れ落ちる場所もある。双眼鏡を向けて、ぼくは息をのんだ。落下する水がスローモーションだ。目前にそびえる山々も氷河も滝も、全てがあまりに大きすぎた。頭が混乱するほど巨大なスケール感に、ぼくは一瞬、身動きできないほど圧倒されていた。

夕方までには、六五キロ先のフェラリ泊地に着いて、ＣＱＲ型の錨《いかり》を投下した。いつものようにエンジンの力でロープを引いて、利き具合を確かめる。すると錨は海底を滑ってしまう。水から引き上げて調べると、錨の表面に灰色の泥が付いている。おかしい、泥の海底ならＣＱＲ型の錨は利くはずだ。不審に思い、次はダンフォース型の錨で試してみる。が、だめだ、これも海底を滑ってしまう。デッキに引き上げると、やはり泥が付いている。間違いなく海底の泥に潜っているはずだ。錨が利かないわけがない。どうしたのか。急がなくては日が沈む。

注意深く錨を観察した。表面に付いた泥に触ると妙に軟らかい。錨の爪先には、違う種類の硬い泥も少量付いている。ということは、おそらく海底は軟らかい泥で、その下に硬い泥の層がある。下ろした錨は、軟らかい泥を突き抜けて、その下の硬い泥まで達するが、錨が食い込むには硬すぎる泥なのだ。

食い込み性能に優れたフィッシャーマン型アンカーの出番が来た。チリ多島海の困難な錨泊《びょうはく》に備え、サンフランシスコで入手したPaul Luke社製四〇ポンドアンカーを、いよいよ使うときが来た。

ただちに五〇メートルのロープをつないで投下すると、全く予想どおりだった。エンジンで引いても錨は滑らない。しっかりと海底に食い込んだ。もはや〈青海〉が吹き流される不安はない。今夜はゆっくりと安眠できるのだ。

この出来事は、錨泊の難しさをぼくに再認識させていた。卓越風の平均風力が六に達する嵐の海で、ホーン岬の前に錨を打ち、手漕《こ》ぎボートで〈青海〉を後にできるだろうか。完璧な錨泊をしなければ、〈青海〉は無人のまま吹き流されてしまうだろう。

難所として悪名高いホーン岬に、一人で上陸するつもりでいたからだ。

Episode 19

# 氷河と嵐の水道

チリ多島海最南部、ビーグル水道に崩落するイタリア氷河。昨日までの吹雪で、山肌の岩と氷河は薄雪に覆われている。水面に崩れ落ちて漂う小さな氷に船首が当たり、驚かされることもあった。

# ホーン岬上陸作戦

※

「ホーン岬」、この短い言葉がヨット乗りの血を沸き立てる。それは地の果ての南米最南端にそそり立つ、太平洋と大西洋を分かつ伝説の岬。

パナマ運河の開通する二〇世紀初頭まで、ホーン岬周辺の荒海では多くの船が難破、消息を絶っていた。海の最悪の難所、魔の岬、恐怖の象徴として、ホーン岬の名は船乗りたちを震え上がらせ、語り継がれてきたという。

現代でも、ホーン岬を小さなヨットで目指すのは、命がけの冒険だ。それだけに、成功すれば至上の喜びと名誉に違いない。挑戦者は後を絶たず、遭難するヨットは少なくない。登山家にとっての最高峰、エベレストのように、ホーン岬は危険な、けれども野心あるヨット乗りには憧れの、目標地点でもあった。

その岬の前を通り過ぎるばかりでなく、ぼくは自分の足裏で、実際に岬を感じたいと望んでいた。

南半球の四月初め、パタゴニアの多島海を数か月も南下する〈青海〉は、地上最南の町、プエルトウィリアムスに到着した。

桟橋に上がるなり、写真を撮るなと告げられた。港には灰色の軍艦と魚雷艇が並び、丘の上には赤白模様の通信塔が空に向けて立ち上がる。この海軍基地から百数十キロ南に、目指す岬は位置している。

ホーン岬の詳しい情報を得るために、基地の司令部を訪ねてみる。入り口で兵士に事情を話すと案内された事務所の一室。座っていたのはコマンダンテ、基地の最高司令官だ。

ネイビーブルーの軍服を着た初老の紳士は、微笑《ほほえ》みながら握手を求めた。ぼくは自己紹介を済ませると、壁に張られた海図の上に、岬に向かうコースを指で描く。

「だめだ。軍事上の理由で通行は許可できない」

コマンダンテはそう言うと、別のルートを指し示し、途中の危険な岩や潮流、嵐の際の避難場所など、詳しい助言をしてくれる。態度は驚くほど好意的だ。できれば、岬の安全な上陸地点も教わりたい。が、「ホーン岬に上陸したい」と打ち明けて、「そんな危険行為は禁止する」と言われれば、夢が夢のままに終わる。

ひとり言のように、軽い調子で言ってみる。

「岬の前を通るとき、幸運にも天気がよかったら、ボートを漕《こ》いで上陸してみたい」

彼の笑顔が、突然に曇った。ぼくは失敗したと思って唇をかむ。しばらく沈黙が続いた後、コマンダンテは語り始めた。

「ホーン岬の海域では、強風が連日のように吹き荒れる。数か月前、ドイツのヨットが烈風に逆らって丸四日も走り続けたが、岬に少しも近づけないまま、とうとう大波にのまれて転覆した。我々チリ海軍が救助して、この基地まで連れてきたのだよ」

彼は机に手を伸ばすと、今日の天気図を取り上げた。

「ごらん、低気圧がいくつも並んで、毎日のように通っていく」

「でも、低気圧の後には、必ず高気圧が来るでしょう？」

「いや、君は間違っている。高気圧は来ないのだ。低気圧だけが次々と通過するのだよ。夏ならまだ見込みもあるが、今はもう四月だ。南半球の冬は目前で、天候は絶望的に悪い。チリ海軍は君のために各種の援助が可能でも、この地方の天気に関しては、神に祈るほか道はない」

真剣な口調でコマンダンテは続ける。

「日本からここに来るまで、地球を半周する長い航海で、君は嵐を何度も体験したはずだ。しかし、ホーン岬の嵐は、ほかと違って……」

彼の言葉をさえぎるように、ぼくは後を続けた。

「それは深さ四〇〇〇メートルの海底が、岬の付近で急に一〇〇メートルほどまで浅くなる。そのために起こる急峻《きゅうしゅん》な三角波が、船にとって非常に危険なのです」

「まさにそのとおりだ。波長の短い悪質な三角波に襲われて、帆やマストを失えば、たとえ沈没をまぬがれても、小さなヨットは流されて岩に衝突するか、大洋を永遠に漂流するばかりだよ」

彼の厳しい言葉が、ぼくの体と心の奥底に刻まれた、触れたくない記憶、思い出したくない感覚、忘れていた荒海の恐怖を身震いしそうなほど呼び覚ます。だが、上陸を禁止するとは、彼は一度も言わなかった。単独で上陸可能とは、おそらく考えてもいないのだ。

夕方、コマンダンテがトヨタの四輪駆動で港を訪れ、岸壁から〈青海〉を見下ろした。

「これほど小さなヨットで、日本からよくここまで……。ホーン岬を無事通過できるよう、くれぐれも慎重な航海を」

翌日、飲料水の補給を済ませると、〈青海〉は基地の町を後にした。


ホーン岬の一〇キロ手前に達したのは、四日後の朝だった。幸運にも奇跡のような晴れ空の下、初めて見る伝説の岬は、標高四〇六メートルにそびえる三角岩の頂上に日を浴びて、青い海面に立っていた。

あれほど夢見た光景なのに、感動も喜びすらもない。それよりも、海図にない未発見の岩と潮流が怖くてたまらない。前方の水面に注意深く目を凝らし、体中の神経と皮膚を張り詰めながら、岬に向けて舵《かじ》をとる。ホーン岬周辺では一つの小さな失敗が、航海の永遠の終わりを意味している。

正午過ぎ、岬の南端に達すると、晴天の太陽が逆光の位置に輝き、目前にそそり立つホーン岬は、見上げるほど巨大なピラミッド状のシルエットに変わっていた。荒々しい突起が並ぶ岩肌に、双眼鏡を向けてみる。

岬の崖沿いを進んでいくと、急に海岸線が引っ込んで、ぽかりと小湾が現れた。海図で検討した上陸候補地だ。湾の岸には、大きな黒石が人の頭のようにいくつも転がり、うねりと波が白く激しく砕けている。〈青海〉の手漕ぎボートで近づけば、波にのまれてしまうだろう。

その地点をあきらめて、さらに前進を続けると、次の候補に選んだ小湾が見えてきた。近づいて双眼鏡を向けると、湾内は海藻で埋まっている。乗り入れるのは危険とみた。でも、湾の前に停泊し、海藻の上をボートで進めば、岸に上陸できそうだ。

湾口にCQR型の錨《いかり》を下ろすと、エンジンで船体を動かして、錨の利き具合を確かめる。が、全力で強く引くと、海底を滑ってしまう。

幸いにも風が弱く、〈青海〉が吹き流される危険はない。今、今なら上陸できる。これほどのチャンスは、次の夏まで二度と来ないかもしれない。ついに長年の夢をかなえるときが来た。ボートを水に下ろして漕ぎ進めば、わずか数分で念願の岬を踏めるのだ。

デッキの上で、ボートの縁をつかんで持ち上げる。だが、十分に錨が利かない以上、上陸中に猛烈な嵐が始まれば、ぼくを岬に残したまま、〈青海〉は大洋に流されてしまうだろう。錨の種類を替えて試そうにも、秋の日暮れは迫っていた。

一五〇メートル先の岸を見つめて思案する。二年近い日本からの道程と比べれば、ボートを漕いで瞬時に上陸できる距離。今のところ天気は穏やかで、水面には小波だけが立っている。どうせ途中で嵐は来ない。たとえ嵐になっても、おそらく錨は滑らない。何年も準備したのに、今やらなければ一生できないかもしれない。今だ、今なら夢を確実に実現できる。なんとしてもやりたい。ボートを漕げば数分で、念願の岬を踏めるのだ。

が、やはり、できない。〈青海〉を失う危険が少しでもあれば、それは決してできない。どんなに夢を実現したくても、万一の致命的な危険に対し、回避策を用意していなければ、それは無謀な行為に違いない。

上陸地点を目前にしながら、つらい決断をすると、手早く小湾の見取り図を描き、海底の地形を測深器で調べ、いつのまにか強まり始めた風の中、逃げるように岬を立ち去った。天気は急変し、嵐は駆け足で迫っていた。

ホーン岬に烈風が吹き狂った四日間、北に三〇キロ離れた山間《やまあい》の入江に、〈青海〉は息を潜めて隠れていた。ぼくは船室に閉じこもり、再挑戦の念入りな準備を進めていく。

作戦の成否は、停泊技術にかかっている。投下する錨の種類を的確に選び、しっかりと海底に打たないと、上陸中に嵐が来たとき、無人の〈青海〉は吹き流されてしまうだろう。

上陸予定地の小湾では、ＣＱＲ型の錨は強く引くと海底を移動した。海底の質に適合していないのだ。測深器による超音波反射のパターンでは、海底は硬い泥か砂、もしくは海藻の少し生えた岩。ならばフィッシャーマン型の錨が適している。

小湾の見取り図で上陸シミュレーションを行い、万一に備えて非常食、ハンマー、軍用折りたたみシャベル、発煙筒、フラッシュライトなどを背負いバッグに詰めておく。上陸時にボートが波で転覆する場合も想定し、氷点に近い海水から身を守るウエットスーツも用意した。

とはいえ、単独でのホーン岬上陸は、本当に可能だろうか。これまでチリの港や海軍基地で会った人は皆、「無謀な行為」と断言した。ぼく自身、不可能と思った時期もある。だが、不可能であれば、それだけに、強い情熱が湧き上がる。

やりたい。なんとしても実現したい。かつての船乗りたちを身震いさせた恐怖の岬、伝説のホーン岬を、自分の両足で踏みしめたい。それがどんなに困難に思えても、あきらめずに努力と工夫を続ければ、やがてチャンスが必ず訪れて、夢を実現できるに違いない。仮に不可能と分かっていても、人には挑戦すべきことがある。

これまでの約四か月、日本の本州ほども続くチリ多島海を南下しながら、吹き荒れる台風並みの嵐の中、島陰に何度も錨を打って夜を明かした。数多くの無人島にボートを漕いで上陸もした。これらはホーン岬上陸のトレーニングではなかったか。ぼくは今や経験と技術の蓄積を持っている。本番に応用できないわけがない。ホーン岬上陸は単なる不可能な夢から、完全に実現可能な強い確信に変わっていた。

マゼラン海峡を越えて多島海最南部に入って以来、風向、風力、気圧、雲量などを一日数回グラフ用紙にプロットし、気象の特性と変化を知る努力を続けていた。連日の嵐は勢いを弱め、気圧は安定の兆しを見せ、風力は確実に落ち、風向も変わり始めている。よし、明日、ホーン岬上陸作戦の決行だ。

午前五時、真っ暗闇に目を開ける。強風のうなり声を、しばらくベッドで聞いていた。起き上がってハッチを開くと、南緯五五度の凍った風が、顔の皮膚を突き刺した。一瞬、身震いしてハッチを閉める。

今日はまだ無理なのか。昨日までは入江の口で波が砕け、空に水柱を上げていた。が、それはもうない。風力も確実に落ちて、上陸には好都合の西風だ。これ以上待っても天気がよくなる保証はない。明日には再び嵐が始まるかもしれない。よし、行こう。やはり行こう。途中で風が強まれば、すぐに戻ってくればよい。

突風にまざった雨粒が、いつのまにか船室の小窓をピシピシとたたき始めていた。少し迷った末、それでも出発を決意すると、缶詰で手早く朝食を済ませ、黄色いカッパを着て外に出る。夜明け直前の一面が青い景色の中、冷たい空気を吸っては吐いた。朝の出発はいつでも、やはり、すがすがしい。

明け方の海に、〈青海〉はエンジンを軽快に響かせて、入江の外に進み出る。片手に行動計画書を持ちながら、通過点に定めた岩や小島を予定の所要時間でクリアして、時計の針のように正確なペースで南下する。

全てを計画どおりに行って、日没前に入江に戻ってこなければ、暗闇の中で風と潮に流されて、島々に衝突するだろう。ホーン岬周辺の航海には、綱渡りのような緊張感が付きまとう。一歩踏み外せば、それで全てが終わるのだ。

マストに一枚だけ揚げた帆には、風をびっしりと固めたようなウィリウォウが、ときおり強く吹き付けて、マストを大きく横倒しに傾けた。行く手の空には青黒い雲。その底辺からいくつも不気味に垂れ下がる、靴下か手足のようなものは何だろう。

出発から二時間後、進行方向の海面には、黒岩の頂上が天を突くように、ホーン岬が現れた。でも、先日の鮮明な輪郭と違い、小雨に少し霞《かす》んでいる。やはり上陸は無理なのか。

周囲に立ち始めた鋭い三角波に、〈青海〉は次々と船腹をたたかれて、ぼくを振り落としそうに揺れながら、岬に向けて進んでいく。すると空の厚雲に小穴が開き、太陽のスポットライトが薄暗い景色に差し込んだ。浮き上がるように照らし出されたのは、偶然にもホーン岬頂上の三角岩。一瞬、息を大きくのんでいた。

朝の出発から三時間一五分後、上陸地点の小湾に着いて帆を降ろすと、予想どおり湾内は岬の風下で、うねりも波もほとんどない。「これならば上陸可能だ！」

作戦の成否を決める停泊方法は、状況に応じて数種類の案を立ててある。風向と地形を再確認すると、ぼくは計画書の第三案に着手した。

まず初めに、湾内に密生する海藻の林に〈青海〉を注意深く近づけて、計画書の第一ポイントにフィッシャーマン型の錨を投下する。次にエンジンを全速で回し、船体で錨のロープを強く引く。すると予想どおりだった。綱渡りができるほどロープが固く張っても、錨は全く滑らない。がっしりと海底に食い込んだ。急いで第二ポイントに移動して、もう一本の錨も打つ。

これで大丈夫、これで完璧だ。過去の経験から風力八の疾強風にも耐えるだろう。上陸中に〈青海〉が吹き流される不安はない。ぼくは小躍りしていた。上陸作戦は成功したも同然だ。

水面にボートを下ろすと、オールに力を込めて、岸までの一五〇メートルを漕ぎ進む。風はときおりヒューヒューと息を強め、小波が岩に白く砕けている。だが、そんなものは気にならない。海藻の上を滑るように通過して、黒岩の岸に到達した。

「やった、ついにやった。伝説のホーン岬を踏みしめた」

興奮で膝はガクガク震えていた。よくもまあ、こんな最果ての地まで来たものだ。〈青海〉はホーン岬に停泊し、足裏には何年も夢見た地面を感じている。これほど愉快で素晴らしいことがあるだろうか。

黒岩の海岸で写真を撮り、記念の岩を拾い集めるうちに、予定の一時間は過ぎ去った。でも、このまま帰りたくない。上陸したからには、憧れの岬で一夜を過ごしたい。海面上四〇六メートルにそびえる岩山の頂上も踏んでみたい。今、今ならそれができる。決断すれば間違いなく実現できる。今やらなくては一生の間、チャンスは二度と来ないだろう。

「やりたい。なんとしてもやりたい」

が、だめだ、やはりそれはできない。九九パーセント安全でも、一パーセントの致命的な危険に対し回避策が用意されていなければ、無謀な行為と知っている。次の嵐はいつ始まり、どれほど勢いを増すか分からない。急いで出発点の入江に帰らなければ、もしかすると永遠に、どの入江にも戻れない。

ただちにボートを漕いで海藻の上を引き返すと、一五〇メートル沖の〈青海〉に乗り移り、ロープを引いて錨の回収に取りかかる。が、おかしい。錨が、やけに重い。というより、力が、腕に力が、思うように入らない。

気がつくと、左手に巻いた包帯は真っ赤に染まり、デッキに点々と血がしたたり落ちている。食事の後片付けのとき缶詰のふたで、奥に白いものが見えるほど指を深く切っていたのだ。合計一一〇メートルのロープを全て引き上げ、錨を回収できるだろうか。

鉛色の空からは、硬い雹《ひょう》がバラバラと降り落ちて、デッキを鳴らし始めていた。風も急に勢いを強め、次の嵐が迫っている。一分でも早く岬を離れなくては。

痛む左手をかばいながら、両腕で少しずつ、少しずつ、錨のロープを夢中で引き寄せる。出血が増すたびに何度も休み、背中一面に冷たい汗を感じながら、懸命に錨の回収を試みる。

するとと重量二〇キロ近い鉄の塊は、やっとのことで水面に姿を現した。ところがどうだ、錨の爪には茶色いビニールのような海藻が数十キロ、いや、おそらく一〇〇キロ以上も、ごっそりとボール状に絡み付いている。これではどんなに頑張っても、腕の力、一人の力では、水面からデッキに上がらない。

さらに強まる風の中、急いで船尾の物入れを開け、このときのために用意した刃渡り四五センチの蛮刀《ばんとう》を出すと、デッキに腹ばいになり、上半身を海に突き出して片手を伸ばし、海藻の固まりをたたき切る。

「ふう、やっと錨は回収できた」

即座に帆を揚げて帰路につく。振り返った後ろにはホーン岬の頂上が、雹の降り落ちる黒い空を、さらに黒く突いていた。強風で海面が白くなり、顔は飛沫《しぶき》でぬれる。が、もはやそんなことは、どうでもよかった。

嵐に追われるように、朝と同じ三〇キロのコースを三時間半で引き返し、山間の安全な入江に逃げ込むと、腕時計を見た。出発から一〇時間三〇分。行動計画書よりも一時間、全てが早く完了し、ホーン岬上陸作戦は成功した。

PORTA-BOTE

ホーン岬上陸地点。陸の陰で波はないが、強風で〈青海〉のマストが傾いている。非常時に備え、無人の〈青海〉はエンジンを回したままで待機中。小雨まじりの曇天の下、一瞬差し込んだ日の光に海面は輝いている。岩場には上陸用ボートが引き上げてある。

第二章 魔物のすみか、チリ多島海

Episode 20

# ホーン岬上陸作戦

嵐の前のホーン岬。１回目の上陸試行時、西側約３kmから撮影。ごつごつとした岩肌が印象的だ。

予想外の好天に恵まれたが、数時間後には天気が急変し、嵐の日々が始まった。

第三章

# 誤算の南極氷海前進

100km
デセプション島
Episode_22
Episode_21
南極半島
南米
ブエノスアイレス
ドレーク海峡
ホーン岬
南極半島
アフリカ
南極大陸
昭和基地
オーストラリア

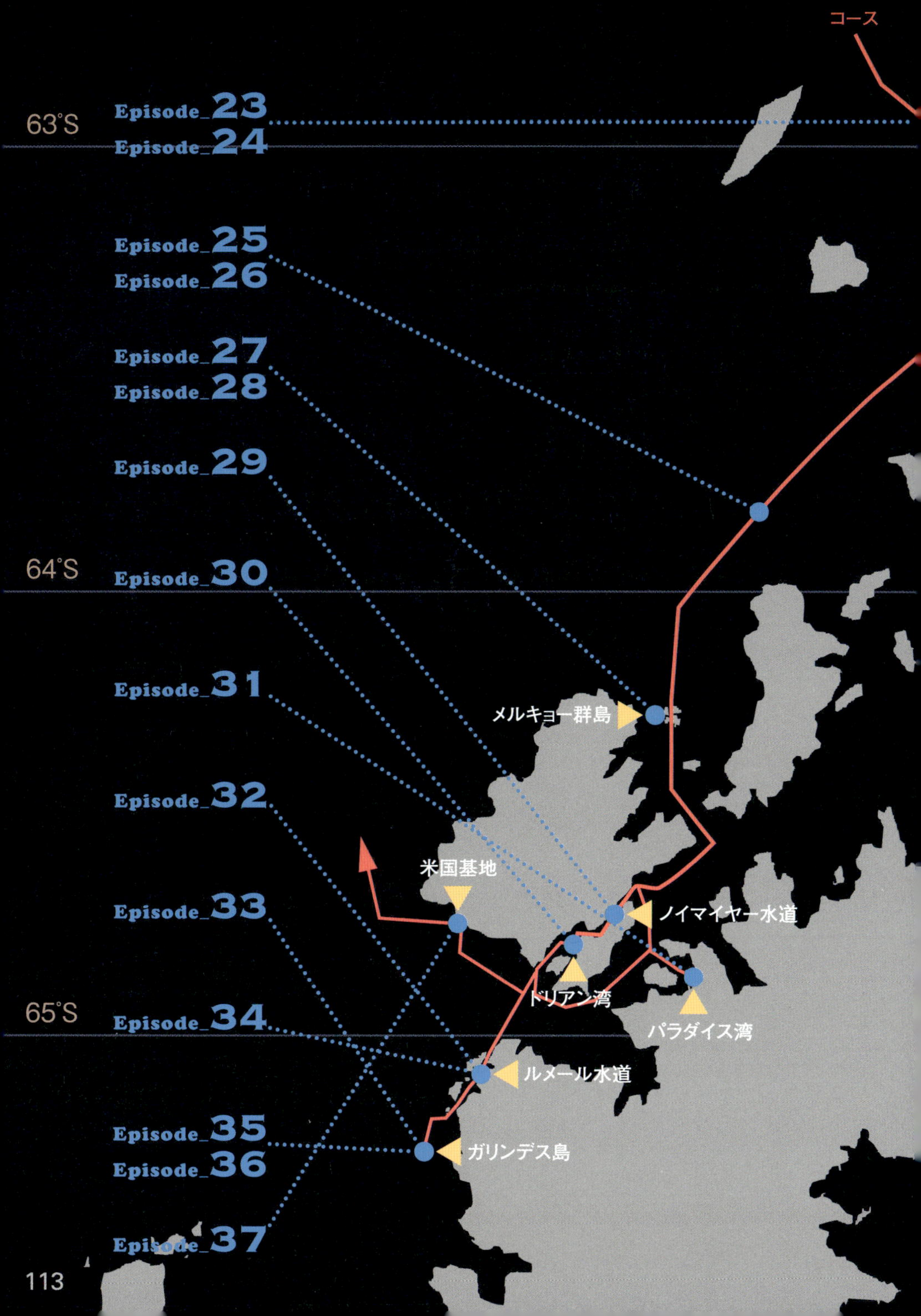
コース
63°S
Episode_23
Episode_24
Episode_25
Episode_26
Episode_27
Episode_28
Episode_29
64°S
Episode_30
Episode_31
Episode_32
Episode_33
65°S
Episode_34
Episode_35
Episode_36
Episode_37
メルキョー群島
米国基地
ノイマイヤー水道
ドリアン湾
パラダイス湾
ルメール水道
ガリンデス島

# 光の国へ

※

それは確実なことだった。どう考えても疑いはない。

南米パタゴニアの航海を終えた今、地質学的に連続する南極半島の景色は、容易に想像できた。海面には急峻《きゅうしゅん》な山々がそびえ立ち、しかも氷に包まれてプラチナ色に光っている。

極限まで澄んだ冷たい空気、紺青の海に浮かぶ純白の氷山、ペンギンやアザラシたちの世界、地球上に比類なく美しい所。どう考えても疑いはない。

　行きたい。

　まぶしい光の国まで、ぜひとも航海してみたい。

心の真ん中に、これまで想像もしない旅への情熱が、抑えきれなく湧き上がる。でも、全長わずか七・五メートルのヨット〈青海〉で、南極の海に行けるだろうか。

日本を離れて約二年、南米ホーン岬を回って南大西洋に入った後、アルゼンチンの首都ブエノスアイレスに到着して、思案の日々を過ごしていた。

「ひとりきりの航海では、寝ている間、必ず氷山に衝突してしまう」

「小さなヨットで行けば、流氷に囲まれて身動きできなくなるぞ」

「鉄の船でないと、無数の浮き氷に削られて、船底に穴が開いて沈没する」

「南米と南極の間のドレーク海峡は、地球上で最も荒れる海なのだ」

町外れのヨットクラブでは、メンバーの皆が口々に意見する。無謀な冒険はやめて命を大切にしろと、お説教を試みる。

もちろん、危険なのは知っている。だが、今は母国を遠く離れ、南極に近いアルゼンチンの首都にいる。到達手段となる〈青海《あおみ》〉も、ここにある。今回を逃せば、南極に行くチャンスは、南極の海を体験するチャンスは、一生訪れないかもしれない。準備を慎重に整えて、ともかく挑戦してみよう。あきらめずに努力と工夫を続ければ、ホーン岬上陸のように、今度も必ず成功するだろう。

南米のパリとも呼ばれる三〇〇万都市、ブエノスアイレス。ヨットクラブに泊めた〈青海〉に住みながら、ヨーロッパ風の古い街並みを歩き回り、情報収集に取りかかる。チェスボードのように規則正しい道路をベンツ社製乗り合いバスで移動しながら、アルゼンチン南極協会、国立図書館、チリ大使館も訪ね回り、南極の資料を収集する。

だが、冷たい海の様子を知るほどに、不安と心配は増していく。一人だけの航海では、進行方向を常に見張るのは難しい。南米と南極を隔てるドレーク海峡で、氷山に衝突すれば、水深四〇〇〇メートルの海に沈没するだろう。運よく南極に着いても、浮き氷の間を前進するうちに、船底をえぐられて穴が開く。潮流に乗って動き回る氷山と陸地に挟まれて、押しつぶされるかもしれない。

でも、これらの難問を一つ一つ解決していけば、夢を必ず実現できるに違いない。

朝日を浴びたラプラタ河が、銀板のようにまぶしく光る町、ブエノスアイレス。到着から約半年で、所持金は底をついてきた。真夏の暑さで喉が渇いても、飲み物は買えないし、破れた服を着たり、ゴミ箱から拾った靴を履いたり、ときには食べ残しのパンや肉をもらったり、まるで路上生活者のようだった。

親切なヨットクラブの人たちは、ぼくを食事に何度も招待してくれた。昼から特産のワインを飲んで、皆は言う。

「一年で物価は一〇倍に上がっても、ここは友人を大切にする国だ。すぐに価値の下がる紙幣と違って、友達は貴重な財産だ」

南極航海の夢を思えば、月二〇ドルの貧乏暮らしはつらくない。だが、氷の海に備えて〈青海〉を改造するためには、数千ドルの材料費が必要だ。といって、資金稼ぎをしようにも、この国では月収一〇〇ドル程度が相場だし、失業率が高くて仕事は見つからない。

困り果てた末、どうにか思いついたのは、家庭教師のアルバイトだ。ブエノスアイレス市内には、日本の商社員と大使館員が数十家族も住んでいる。塾も予備校もない外国で、子供の教育は悩みの種に違いない。郊外の日本人学校を訪ねて相談すると、幸運にも数人の生徒が見つかった。

夜は資金稼ぎのアルバイト。昼は作業服をペンキと接着剤で汚しながら、〈青海〉の改造作業を進めていく。一時は絶望的な気もしたが、氷海での安全対策は、そろそろ見通しがついていた。船室のベッドに寝たまま氷山を見張れるよう、大型自動車用バックミラーを取り付け、衝突に備えて船内に防水隔壁を設置する。船底は数か月もかけてステンレスの板と金網と強化プラスチックで覆い、船室の壁や天井には防寒用発泡スチロールを張り詰めて、エンジンの念入りな分解整備も忘れない。

だが、言葉も習慣も違う不慣れな国で、バスや電車を乗り継いで材料や道具を探しながら、一人で進める改造作業は、途方に暮れるほどの大仕事だ。出発準備をどうにか完了できたのは、ブエノスアイレスに着いて二度目の正月が過ぎた二月末。三〇〇〇キロ南の南極には、四月初めに着くだろう。それは季節外れ、間違いなく常識外れ。氷の海がヨットを受け入れるのは、一二月から二月の間、南半球の真夏と知っていた。

でも、一度決めたこと。ひとまず挑戦してみよう。おそらく幸運に恵まれて、ホーン岬上陸のように、必ず成功するだろう。

地球最南の大陸と海に向けて、さあ出発だ。

一年半ぶりに、〈青海〉はマストの前後に帆を張って、船首を南に向けていく。周りをぐるりと囲む海、いつものように青い海、だが、なぜかいつもと違う海。

南極に着いた自分を想像しようと試みる。

「荘厳に光り輝く氷の山々を見上げて、感激のあまり立ち尽くすだろうか。ペンギンと握手できるかもしれない」

だが、目を閉じて精神を集中しても、恐ろしいほどの真っ暗闇が見えるばかりだ。

出発から数日後、デッキの手すりの角に、つくりかけの小さなクモの巣を見た。米粒ほどのクモが一匹、波風で揺れる巣の上を、必死に走り回って糸をかける。海では獲物がないことを、クモは知っているのか。〈青海〉が南極に向かうこと、その寒さでは生きられないことも。

風のひと吹き、波のひとかぶりで、クモの命は終わる。なのに、君はなぜ、激しく揺れる巣から振り落とされそうになりながら、一生懸命に無駄な努力を続けているのだ。

翌朝、クモの体は巣と一緒に消えていた。

「風と波の気まぐれで、小さな命は簡単に滅んでしまう」

ぼくは何度も自分につぶやいた。

これほどバカな話はないだろう。

空は確かに青く晴れていた。でも、水平線の一か所に墨色の雲が固まり、渦巻くように見える。その黒い塊に向けて一直線に、〈青海〉は吸い込まれるように駆けていた。

ぼくは油断したのか。気圧計の表示は低くない、空には太陽も照っている、どうせ小さな低気圧だろうと。

ほどなく風のうなりが高まり、空は黒雲に覆われた。〈青海〉は追っ手の強風に帆を膨らませ、夕暮れの海を突っ走る。速度が出るのはうれしいけれど、風は今にも帆を破りそうなほど、強さをどんどん増していく。ぼくは不安に襲われて、マストのメインセールを引き降ろす。そこで急に日が落ちて、海に闇が訪れた。

暗黒の夜空には、ときおり雷の閃光《せんこう》が走り抜け、黒雲を不吉に照らし出す。薄気味悪い海原の光景は、地球の果てに続く南大西洋にふさわしい。神話の世界に住む想像上の怪物が、空から突然に舞い降りても、たいして不思議はないだろう。

その闇空を吹き渡る、魔物の声のような追い風が、さらに強まるのに比例して、黒い海面に立つ波も、高さを急激に増していく。ついには波頭を大きく巻き込むように崩れ、次々と〈青海〉に覆いかぶさった。これ以上、海が荒れないでほしい。そう祈りながら、ハッチを開けて船室に下りると、床にカッパと長靴を脱ぎ捨て、大揺れのベッドに横たわる。

真夜中過ぎ、巨大なガラスの物体をたたき割るような音響が、真っ暗闇に鳴り渡った。同時に波の衝撃が、体を宙に激しく投げ飛ばす。「転覆、いや、横倒しか？　それにしても、あのすさまじい音は？」。さまざまな思いが脳裏を駆けめぐる。スイッチボードを手探りして船室の明かりをつけたとき、ぼくは上下の感覚を取り戻すと、瞬時に事態を理解した。

大波で転覆した〈青海〉は、船底に付いたバラスト（重り）の復元作用で、元の姿勢に起きていた。でも、帆に風を受けて矢のように駆けていた船体は、完全に速度を失い、波のままに揺られている。

「ということは……。まさか、そんなことが起きてたまるか」

急いでライトを握ってハッチを開き、頭上に光を向ける。が、そこにあったのは、暗闇を横切る波飛沫《しぶき》と、烈風のうなる悲痛な声ばかりだ。

ない、マストがない。ついにマストが折れたのだ。決して起きてはならないことが現実になった。これで南極到達の夢も、〈青海〉の航海も、全てが終わる。何もかもだめになったのだ。体中の力が抜けていく。

船体には、初めて体験する鈍い音と衝撃が響いている。大波に揺られる〈青海〉が、何かに繰り返し当たっている。海面にライトを向けると、そこに見たのは、銀色の長いヒゲかツタの絡まった、動物か植物かも分からない、海から突き出す柱のように長いもの。生まれて初めて見る奇妙な物体が、波の動きと合わせるように、〈青海〉の横腹を打っている。折れたアルミのマストが、支えていたワイヤを付けたまま、海に逆立ちで没していた。

それで十分だった、もう何もしたくない。船室に戻ってベッドに入ると、頭から毛布をかぶる。ブエノスアイレスで一年半もの間、南極に行くため、それだけのために全てをかけて、準備を続けてきたのに……。

大波に揺れるままの船体には、次々と鈍い衝撃が響いている。急いで水面のマストを回収しなければ、厚さ五ミリの船腹が破壊され、〈青海〉は沈没するだろう。しぶしぶカッパを着てライトを握ると、波飛沫の降る真っ暗闇に歩み出た。

照らす光のコーンの中、海から突き出すアルミパイプの陰惨な折れ口は、刃物のように鋭くとがり、波の力で生き物のようにうごめいた。不注意に手を触れれば、指の一本や二本、すぐに切断されるだろう。

〈青海〉は致命傷を負っても、ぼくはまだ五体満足だ。くれぐれも怪我《けが》をしないよう、慎重に回収作業を始めよう。が、この嵐と闇の中、体を振り落としそうに揺れる不安定なデッキの上で、海水が入って重量が増したマストのパイプを、一人で引き上げられるのか。マストが船腹を打ち破る前に、手早く回収できるのか。いや、とても無理だ。仮にできたとしても、作業中に波が襲って落水すれば、水面を吹く烈風が、ぼくと〈青海〉を即座に引き離す。

悔しいけれど、船体とマストをつなぐワイヤを外し、マストを海に沈めよう。それ以外、〈青海〉を救う手段はない。

額にヘッドランプ、胸には一メートルほどの命綱を付けると、烈風が悲鳴のようにうなる闇の中、広さも深さも計り知れない闇の中、命綱の先のフックを手すりや金具に掛け替えながら、数メートルも上下に揺れるデッキを這《は》うように移動する。小さな〈青海〉にとって、無限にも近い漆黒の大海原。ヘッドランプの光に白く照らされた、幅二メートルのデッキの上だけが、ぼくの命の助かる世界。頭上に次々と崩れる大波が、その狭い実在の世界から、得体《えたい》の知れない暗黒に、ぼくを押し流そうとする。命綱のフックを掛け替えるとき、もう一方の手を間違って離せば、次の瞬間、永遠に続くかもしれない闇の世界に落ちるのだ。

カッパのポケットからプライヤーを出すと、全身に波飛沫を浴びながら、船体の前後左右に固定されたワイヤの端を一つずつ外していく。合計七本のうち、思い直して船首の一本は残した。マストは船首から海中につり下がり、抵抗物として波に船首を向ける作用をして、波の衝撃を減らすだろう。

懸命の作業を無事に終え、大揺れのデッキを這って船室に戻ると、転覆時に棚から飛び出た衣類や本や食料品が、大地震の直後のように、膝の高さまで床を埋めていた。大波が不気味な水音を鳴らして接近し、ときには音もなく近づいて、小さな〈青海〉を直撃するたびに、強烈な打撃音とともに船室は六〇度以上も傾き、ナイフやフォークや割れたボトルのガラス片が、ぼくの体と一緒に宙を舞う。

全身を打っていた。船酔いがひどい。牛乳ビンの底で作ったメガネをかけたように、目がぐるぐる回る。込み上げる吐き気に耐えながら、ベッドに這い込むと、頭の上から毛布をかぶる。顔の皮膚は血でヌルヌルしていたが、手当てをする気力はなかった。

朝になった。ぬれた布団で、四時間ほど眠り続けていたようだ。窓の外では意外な快晴空に、太陽が強く照っている。昨夜の出来事、あの転覆事故は、おそらく夢、ぼくは悪い夢を見ていたのだ。念入りな点検整備を欠かさない〈青海〉のマストが、折れてしまうはずがない。

祈るような気持ちでハッチを開ける。が、いつもは前方の空を半分ほども埋めていた、風をはらんで膨らむ白い帆も、頭上に高々とそびえる九メートルのマストも、前後左右に張られた支えのワイヤも、奇妙なほど何もない。毎日見慣れていた当たり前の景色が何もない。長年住んだ家の天井と壁が取り払われ、残った床から空を見上げるように何もない。

周りの海に目を下ろすと、そこは身の毛もよだつ異様な銀世界だ。次々と盛り上がる波の山には、雪、雪が積もっている。烈風で生じた水の泡が、あたかも真っ白い雪のよう。飛行機に乗り、冬の山地をさまよっているようだ。

陸地まで、どうして戻ればよいのだろう。出入港用の小さなエンジンでは、波のある海は進めない。マストを失って帆を張れない〈青海〉は、翼をなくした鳥と同じだ。海流に運ばれて、もしかすると永遠に大洋をぐるぐる回り続け、食料が切れて。いや、運よく魚が釣れれば。でも、水、飲み水はどうしよう。

スライドハッチを閉めると、内側から金具でロックした。出入り口と換気口、給排水口も閉じれば、ヨットは波間に漂うカプセルだ。上下が逆になっても、沈没の危険はない。どんな大波を受けても不安はない。

その安心感は、さらに強まる波の衝撃で、急速に薄れ始めていく。〈青海〉を襲う波は、水というのに固体の何か、貨物船から落ちて漂う鉄のコンテナか、大きな流木かクジラのようだ。波が船体を打つたびに、体が地面に激しく落下したように、衝撃が痛いほど全身に響き、強烈な打撃音が耳をキーンとうならせる。いつまで体がもつだろう。

大波が次々と船体を襲うたび、木材を折るようなキシミ音が鳴り響く。どうにかしなくては、強化プラスチック製の薄い船腹が破れ、〈青海〉は沈没してしまう。

船首から海中につったマストの残骸は、どうやら抵抗物の効果を発揮していない。ならば、役立たないマストは切り離し、代わりにパラシュート型シーアンカーを投下しよう。波間に漂う〈青海〉の船首は、シーアンカーの抵抗作用で波に向き、波の衝撃を最小限の面積で受けるだろう。カッパと長靴を身に着けると、船室のハッチを開き、吹きさらしのデッキに飛び出した。

わずか数秒後、〈青海〉の真横で、海面が本物の丘のように高く盛り上がった。と思う間に、頭上から白く泡立つ塊が崩れ、体は水流に投げ飛ばされる。海に落ちる、ついにやられた、もう助からない、いや、何か、急いで何かを握れ。さまざまな思いが、瞬時に頭の中を駆けていく。

気がつくと、頭、胸、腰を激しく打って、強い痛みを覚えていた。波に襲われた体は、幸いにもデッキの端で止まっていたが、胸の命綱は外れていた。

力を振り絞って痛む体を起こすと、海に何度も振り落とされそうになりながら、ぬれて滑る大揺れのデッキを船首まで這い進み、海中のマストにつながるワイヤを切り離す。常に点検と整備を欠かさなかったマストは、自分の体の一部のように大切なマストは、帆とワイヤを付けたまま、海の底に沈んでいく。もったいない。でも、〈青海〉を守るため、自分が生きて陸に戻り着くため、仕方ないと思った。

布袋からシーアンカーを取り出すと、起伏の大きな海原に投下する。嵐の真っただ中、冬の山地のような白く泡立つ水面に、身の毛もよだつ烈風の海面に、オレンジ色の布製パラシュート型シーアンカーが、ぞっとするほど不気味に鮮やかだ。

作業を終え、やっとの思いで船室に戻ると、激しく揺れるベッドに倒れ込む。心も体も極限まで疲れ果て、何もかもが悲しすぎた。

ホーン岬上陸に成功したことで、ぼくはヨットのことも、海の上のことも、よく知ったつもりでいた。この美しい水の星を自由自在に旅するための、技術と知識を、手中にしたと思い込んでいた。でも、実際のところ、海を少しも知っていなかった。二度と戻らない青春の日々を浪費して、何も学んでいなかった。海を頭で理解していても、自分の体で知っていなかった。泣きたいほどに悔しかった。

船室の床に落ちて重なる本や衣類の間から、鍋と食器を拾い上げ、やっと見つけたライターで灯油バーナーに点火して、取って置きの米国製缶詰スープを温める。どんなに船酔いしても、これだけはうまいはずなのに、絶望と極度の疲労で神経がおかしくなったのか、奇妙なほど味がない。

ぼくはなぜ、海を旅しているのだろう。陸の上で暮らすほうが何倍も快適で安全で楽なのに……。この航海が誰かの役に立つというのか。自分自身のためになるかどうかも分からない。なのに、過去に決意したから、決めたからという理由で、旅を続けているのか。

運よく陸に着いたら、なんとかして旅費をつくり、すぐに飛行機で帰国しよう。以前は〈青海〉と運命を共にするつもりでいたけれど、船酔いと絶望感で、これほど苦しくつらいまま、海で死ぬのは嫌だ。たとえ〈青海〉を捨てても、自分だけは助かりたい。ともかく日本に早く帰りたい。駅の立ち食いソバがなつかしい。

それにしても、これまで生死を共にした、ぼくにとって本当にかけがえのない〈青海〉が、かわいそうでたまらない。自分で頼みもしないのに、この世につくられて、二万五〇〇〇キロも旅した地球の裏で捨てられて……。もしかすると、〈青海〉はそのどちらも望んでいなかった。でも、それは、つくられたもの、生まれてきたもの、全てに当てはまる、悲しさかもしれなかった。

転覆から二日ほどで嵐が収まり、乱立する大波の裏から再び水平線が現れると、ブーム(帆桁)のパイプで短い応急マストを作り、役立つか分からないほど小さな帆に風をはらませる。再び転覆せず、少しも潮に流されず、向かい風が全く吹かず、仮に直線で進めても、最寄りの陸まで五〇〇キロ。

「敗走」、オレンジ色に輝く夕日に向けて、つぶやきながら舵《かじ》をとる。

転覆事故から一週間後、マストを失った〈青海〉は陸に着いた。

二万人収容のカジノを誇る観光都市、アルゼンチンのマルデルプラタ。港の隅に見つけたヨットクラブの桟橋に、ひっそりと〈青海〉を横付けする。

「助かった、命拾いした、ついに陸を踏めた」

うれしくて、うれしくて、本当にスキップして道を歩いていた。が、それもわずか数日だった。

これまで一年半の間、南極航海のため、ただそれだけのために自分の全てをかけて、出発準備を続けてきた。南極の資料を求めてブエノスアイレスの町を歩き回り、資金稼ぎのアルバイトに励み、生活費を月二〇ドルまで切り詰め、汗とペンキと接着剤にまみれて〈青海〉の改造作業を進めてきた。なのに、嵐でマストが折れてしまうとは。

到着から丸一か月、夢が破れた胸の痛みに耐えながら、船室のベッドに寝込んでいた。畳一枚ほどの狭い床には、ニンジンやトマトやタマネギが、本や衣類や食器と重なり合って、そろそろ腐り始めていた。頭がつかえるほど低い天井には、転覆時にこぼれ落ちた米粒が、一面に海水で張りついて、ときおりポツリと落ちてくる。そのかすかな音に驚いて、夜中に何度も飛び起きた。転覆事故の精神的ショックが強すぎて、気持ちが異常に高ぶり続けていた。

〈青海〉を泊めた桟橋には、噂《うわさ》を聞いた見物人が毎日のように訪れる。彼らは物珍しげに近寄って、マストのない船体を指さしながら、ひそひそ声で語り合う。だが、同情の言葉をかける者も、励ましてくれる人もない。日本の友人たちに悲しみの手紙を送っても、なぜか返事は届かない。敗者など誰も相手にしないのか。ぼくのことを忘れたのか。町で忙しく暮らす彼らには、命がけの航海も南極到達の夢も、どうでもよいことなのか。

今回の転覆事故で、ぼくは全ての勇気を失った。海の恐怖が、心をナイフのように傷つけた。勇ましかったぼくは、何物も恐れなかったぼくは、命知らずだったぼくは、臆病者になり下がった。海岸に崩れる波頭を見ても、冬山のような白い海原の記憶がよみがえり、夜の港に低く鳴る防波堤に砕ける波音さえ、胸の奥まで突き刺さる。

もう二度と海に出たくない。

港で知り合った背の高いスイス人、ジョニーヴ・レイモンド、二三歳。

自作の木製ヨットで地中海を出た彼は、南米を目指して大西洋を単独横断し、アルゼンチンまでやってきた。さらに南下を続け、マゼラン海峡を目指すという。ジョニーヴのヨット〈Farewell〉は、全長七・五メートル。〈青海〉と同じ大きさだ。

冬の季節、大荒れの南大西洋を小さなヨットで南下するのは、無謀で自殺行為に等しいと、港の人々は忠告する。だが、彼は少しも耳を傾けない。

「本当に大切なのは、勇気と強固な意志だ。ヨットのサイズや嵐の強さは関係ない」

そう言い切る彼に、缶詰六〇個と海図のコピーを分け与え、「頑張れ。決してあきらめるな。勇気と強固な意志を忘れるな」と励まして、出港する〈Farewell〉を見送った。

半月後、マゼラン海峡の手前で大波に打たれて船体を破損、海中に没したという。

無鉄砲、向こう見ず、怖いもの知らず――でも、これが若さ、勇ましさ、青春の素晴らしさだ。ぼくも以前はそうだったのに、いつのまにか年をとり、かつての勇気をなくしたのか。

日本を出る前、ぼくは友人たちにこう言い切った。「嵐でマストを失って無人島に流れ着いても、木を切り倒して新しいマストを作り上げ、あきらめずに航海を続けてみせる」と。なのに、その強固な意志は、いつのまに捨てたのか。

いや、違う、違うのだ。かつての勇気と強固な意志は、本当の海を知らないからだった。海の恐ろしさと厳しさを頭で理解していても、自分の体、体で知っていなかった。

あの転覆事故は、海からの警告に違いない。こりずに再び海に出れば……。

大型ヨットで港に着いた、フランス人の男。年齢四五歳くらい。有名な海洋冒険家クストーのもと、〈カリプソ〉号の船長をしていたと自称する。南極航海を夢見て鋼鉄製ヨットを建造し、今年の夏、乗組員と一匹の猫を従えて、南極半島を訪れた。

ガスオーブン、温水シャワー、高価な電子航海機器、完璧な設備の船室で、彼は厳しく警告する。

「それほど小さなヨットで、南極に向かうべきではない。南米と南極を隔てるドレーク海峡は、地球上最悪の海なのだ」

彼は棚から本を取り出すと、ページを開いて波の写真を見せた。それはとてつもなく巨大で、波頭が巻いて崩れていた。

「高さ一五メートル。いや、推測ではない、科学的に計測された確かな数値だ。これほどの波がドレーク海峡では実際に起こる。君のヨットのマストは、その半分ほどだろう。そんな巨大波が襲ったら、どうするつもりか。我々が南極を離れ、ドレーク海峡を渡ってホーン岬に着いたとき、一安心したものだ。嵐で名高いホーン岬さえ、ドレーク海峡を体験した者には、まさに安らぎの場所なのだ」

返す言葉がなかった。

「以前、粗末なヨットで南極を目指した男が、途中で転覆してマストを失い、アメリカ基地に援助を求めたことがある。それ以降、南極基地の人々はヨットを迷惑に感じていた。しかし、ここ数年は立派な装備のヨットが増え始め、我々は歓迎されている。なのに、そこに君が行って事故を起こせば、彼らは再び扉を閉ざす。ヨットの訪問を拒絶するだろう。どこかの小さなヨットが沈もうと、君が死のうと、少しの興味もない。ただ、南極航海の楽しみを奪われることが、どうにも我慢できないのだ」

そんな言い方はないだろう。夢が破れ、失望の底にいる人間に。ぼくだって自分なりに精一杯、ときには一人で泣きながら、本当に全てをかけてきたのに。

「君がドレーク海峡を無事に渡って、南極沿岸に着いたとしても、無数に浮かぶ氷の角で削られて、船底には必ず穴が開く。私のヨットのように鋼鉄船でなければ、南極航海は不可能だ。強化プラスチック製の小さなヨットで、しかもたった一人、氷山を交代で見張ることのできない航海は、自殺行為に等しいといえる」

そう断言する彼は、〈青海〉を少しも知らないのだ。ベッドに寝たまま氷山を監視する大型ミラーを付けたこと。衝突に備えて船首を金属板で覆い、船内にアイスビーム(Ice beam)と呼ばれる補強構造と防水隔壁を設けたこと。氷で削られるのを防ぐため、船底の一部をステンレスの金網で覆ったことも。

これならばできる、と思った。

やはり、ぼくは南極に行く。なんとしても、どうしても行く。これは自分に課した決定事項だ。どのような言いわけも認めない。

つらいから、苦しいから、怖いから、夢を途中であきらめるのなら、これまでの努力は、何年も続けてきた苦労は、二度と戻ってこない若い日々は、何のためになるのか。

日本を出る前に書き留めた目標の中に、「旅によって不屈の精神力を養う」という一項目があった。なのに、ここで屈したら、あきらめたら、日本を出てからの四年間が全く無意味になる。いや、残るものはマイナスばかりだ。

さあ、今こそ立ち上がるのだ。今こそ試練の時、今こそ再起する時だ。転んでも跳ね起きるのが青春ではないか。

単独で挑む南極航海は、命の保証がない冒険に違いない。〈青海〉ほど小さなヨットで、南極大陸に到達した前例はないのだ。それでも、なんとかして以前より頑丈なマストを立て、船体を念入りに整備し、体力と精神力を鍛え、夢を必ず実現してみせる。多くの困難をどうにか克服し、ホーン岬上陸のように、絶対に勝ってみせる。

港の防波堤まで日課のランニングを続け、夜の海をしばらく眺めた。崩れる波頭を見つめても、もはや恐怖は覚えなかった。

再挑戦を半年後の夏に定めると、〈青海〉をトレーラーに積んでマルデルプラタの町を離れ、アルゼンチンの大草原を朝から夕方まで突っ走る。真っ平らな円盤の大地に沈むオレンジ色の太陽は、あのなつかしい大海原に落ちる、まぶしい夕日を見るようだ。

四〇〇キロ北の大都市、暮らし慣れたブエノスアイレスに着くと、ヨットクラブに置いた〈青海〉に住みながら、資金稼ぎに取りかかる。日本人中学生の家々を一晩に四時間ほど回り歩いて、数学や理科を教える日々が始まった。

昼間は〈青海〉の修理を進めていく。以前より丈夫なマストを立てるため、強度計算を勉強し、マストのサンプルを入手すると、工業試験所で破壊強度試験も行った。マストに取り付けるステンレスの金具類は、船室の海図机で設計図面を描いた後、知り合いの鉄工所に何週間も通って自作する。工業金物店をバスや電車で訪ね回って材料を探したり、食事も忘れてエンジン整備を進めたり、ぼくは時間と競争で駆けていた。

修理作業とアルバイトに追われる日々は、夢の中で暮らした月日のように過ぎ去って、ブエノスアイレスに再び夏が訪れた。

頑丈な二重構造のマストが〈青海〉に立ち上がり、数か月分の食料も積み込んで、やっと出航準備を終えたのは、予定を大幅に過ぎた一月の末。三〇〇〇キロ先の南極には、早くて三月初めの到着だろう。

それは間違いなく南半球の夏の終わり。またもや季節外れ、常識外れと、頭の中では知っていた。

ブエノスアイレスを離れた〈青海〉は、一週間、二週間、ひたすら海を南下する。

緯度は三五、四〇、五〇度と変わり、気温は一五度に下がり、一〇度を切り、気圧も確実に降下して、海面に立つ波は高さと衝撃力を増していく。激しい揺れに、食器や本が船室内を飛び回り、用意した二種類の船酔い薬は効かなくて、ベッドに寝ているだけで苦しくて、背骨を痛いほど打つ波と、人を威嚇する風の音に、布団をかぶって耐えながら、さらにつらくなるのを知りながら、空腹で動けなくなるのを知りながら、飯を作る気力もない。南下というより、南極という得体の知れない地獄に向けて、一直線に落ちるようだ。

ぼくはどうして南極を目指すのか。本当に地球最南の海と大陸に着けるのか。仮に南極の海に達しても、氷の間を安全に航海できるのか。そして無事帰ってこられるのか。いや、そんなことは、どうでもよいのかもしれない。

生きて帰れば成功で、命を失えば失敗か。成功だけがよいことで、失敗するのはだめなのか。

追い風で走る〈青海〉を、南大西洋の大波が追いかけている。波頭が至近距離で崩れた場合、船体が巻き込まれて大きく傾き、横倒しになることも少なくない。

# 輝く諸島

※

海の上は、白い吹雪だ。船内温度は、二度前後。風力は四まで落ちていたが、帆は荒天用の小さなストームジブを張っている。速度を上げて一日も早く南極に着かないと、嵐に再び襲われる。だが、帆を大きくすれば、即座に次の嵐が来るのではないか。漠然とした恐怖心が、帆の交換を妨げている。

冷え冷えと広がる南氷洋の海原には、イルカの群れが次々とジャンプして、純白の鮮やかな腹が波間に映える。横降りの雪に煙った寒空には、昨日から小型の鳥も見かける。チョコレート色の翼に目立つ白模様、ナンキョクフルマカモメ(Antarctic petrel)に違いない。目指す氷の大陸は、間近に迫っているはずだ。

夜が来ても、夏の南氷洋は薄明るくて、常に水平線が見えた。真っ赤な登山用防寒服上下と、毛の靴下二枚を身に着けて、カイロのベンジンに点火する。ハッチから頭を出して氷山を見張りながら、同じ姿勢の連続で、やたらと肩が凝る。連日の徹夜で疲れていた。いつのまにか、うとうと眠りかけ、ふと気づいて時計を見ると、五分ほどしか過ぎていない。

灰色と黒ばかりの空と海に、青っぽい色彩が加わった。ほどなく朝日が雲間に昇ると、空は灰と紺とオレンジの、まだら模様に変わっていた。

その下に広々と続く海原には、南極沿岸の島々が、ボツン、ボツンと壮大な姿を見せてきた。氷に覆われた白銀の島々は日を浴びて、一つ一つがこうこうと光を空に放出するようだ。標高二〇〇〇メートルを超す島もある。

「あの輝く斜面をスキーで滑りたい」

あまりにもスケールの大きな島々と海の景色は、なぜか初めて見る心地がしない。不思議だった。いつか夢の中で見たのだろうか。

南極諸島で特に有名なのは、デセプション島だろう。島を発見したといわれる米国人、パーマー船長と乗組員たちは、一九世紀初頭にアザラシの毛皮を求め、南極海を旅していたという。ある日、彼らは激しい吹雪に襲われた。

帆船〈Hero〉は避難場所を探し、懸命の前進を続けていく。すると海面にそびえる岩と氷の巨大な塊が、ぽかりと口を開けた。デセプション島は直径約一五キロのドーナツ形で、輪の一か所が切れている。そこから島の内側に避難して、雪嵐の終わりを待ったという。〈青海〉の南極初日の停泊地も、この島の中と決めていた。

とはいえ、実際に自分の目で確認するまでは、信じられないこともある。そんなドーナツ形の島が、この世に実在するものか。

ブエノスアイレスを出て一か月、毎日のように位置を海図に印してある。南極半島に向かう〈青海〉の航跡が、確かに記入されている。でも、それは間違いなく自分自身で書いたのか。〈青海〉はいつ、どの港を出て、どこを目指しているのだろう。ぼくの記憶は絶対に正しいと、本当に断言できるのか。ひとりぼっちのぼくに、それを誰が教えてくれるのか。これは間違いなく、この世の出来事といえるのか。〈青海〉とぼくは、もしかすると南極を目指す途中、ドレーク海峡の嵐に襲われて海に沈み……。そうでない保証はどこに。保証してくれる人はどこにいる。

背すじに冷たい不安を覚えながら、島の周りに切り立つ崖沿いに進み、リングの切れ目を探していく。それはどう見ても、岩と雪の大きな塊だ。ひょっとして、これは違う島なのか。デッキに海図を持ち出すと、島の形を何度も見比べる。次の嵐が来る前に、なんとしても入り口を見つけ、リングの中に逃げ込みたい。周囲の水面には、波頭の鋭い三角波が立ち始め、舵《かじ》を握った指先には、潮流の不気味な手応えを感じていた。

すると不意に、城壁の巨大な扉が音を立てて開くように、島を取り巻く崖に切れ目が広がり、水路が開けた。

「これは間違いなく、デセプション島だ」

南極半島沿岸の島。氷に包まれた山肌に日を浴びて、雲を貫く頂上を光らせている。島々は急峻（きゅうしゅん）なものが多く、周囲は断崖や氷の絶壁に囲まれ、停泊に適した湾や入江はきわめて少ない。空気は澄み、視程がきわめて良好なため、遠近の区別が困難な場合も少なくない。

# 白銀のリング

目前に開いた断崖の切れ目は、幅六五〇メートル。ドーナツ状の島、デセプション島内部に続く入り口だ。

エンジンをスタートさせて帆を降ろすと、標高九一メートルの崖と座礁船の間を恐る恐る通り抜け、島の中に〈青海〉を乗り入れる。巨大リングの内側には、現実とは思えない、全くの別世界が広がっていた。

真っ青な湖のように平らな水面。その周りをぐるりと囲み、まぶしい白銀に輝く山々。両目に飛び込む雪景色のパノラマは、絵はがきのようにきれいで大きく広かった。

極限まで澄んだ冷気は、ぼくの距離感を完全に麻痺《まひ》させた。数百メートル先の白い丘も、一〇キロ離れて輝く山々も、同様に鮮明だったから、全てがベタリと平面に並び、紙に印刷されたように遠近感が少しもない。〈青海〉を取り巻く円筒形スクリーンに、雪景色の画像が投映されているようだ。

そのスクリーンまでは、どれほど遠いのか近いのか、目を凝らしても見当すらつかなくて、もしかすると十数メートル先かもしれなくて、船首が今にもぶつかりそうで気が気でない。

辺りは恐ろしいほどの静けさだ。〈青海〉のエンジン音も、水面を囲む雪山、光を反射し合うまぶしい雪の斜面に吸われていく。光が満ちあふれる直径約一五キロの島の中、人間は自分ひとりきりなのだ。妙に寂しく、怖く、不思議だった。

雪山の輝くリングの内側は、滑らかな青池のような水面で、船体はピクリとも揺れていない。〈青海〉は本当に進んでいるのか。時間さえも凍りついた心地がする。

このまぶしい巨大リングの内側に、時は存在しているのか。目の前に輝く壮大な山々と海の景色にとって、人類の歴史や時間はどれほどの意味があるのだろう。ぼくは何という時代の住人か。ここはどこ、自分は何をしている、めまいがしそうだった。

光の中を駆ける〈青海〉とぼくを、ぐるりと巻いて囲むのは、白と青が上下に触れた、雪山と海の境界線。その一か所に、大きなオイルタンクと家のような建物が見えている。一九二〇年代に閉鎖された捕鯨基地の跡だった。輝く雪景色の中の廃墟《はいきょ》を目の当たりにして、過去の時代に迷い込んだような、ひょっとすると赤錆《さ》びたオイルタンクの陰から昔の漁師が顔を出し、手を振りそうな、奇妙な感じを覚えていた。

あふれる光と静寂の中、前方の海岸線に目を向けると、湯煙がもうもうと立っている。浜辺に湧く温泉で卵をゆでたり、付近の温かい海水で泳いだりもできると、以前に海洋雑誌で読んでいた。

このカルデラ火山島の巨大リングの内側には、岬もあれば小さな湾もある。海図で決めた安全な入江に、〈青海〉は向かっているはずだ。なのに、行けど走れど目標地点は現れない。おかしい、火山灰に埋もれて消滅したのか。度重なる噴火で、島の地形は大きく変化したようだ。測深器の表示と海図の水深を比べると、十数メートル違う場所もある。もはや海図を信頼しては進めない。どうしよう。

連日の徹夜の見張りで、全身に強い眠気と疲労を覚えていた。一分でも早く安全な場所に着いて休息しなくては、今に体力が尽き果てる。

海図上の目指す入江は、今も確かに存在しているのか。周りの輝く景色は、間違いなく現実といえるのか。

海岸線に双眼鏡を向けると、そこに見たのは、折れ曲がって重なる鉄骨のスクラップ。噴火で無残に破壊された気象観測基地の跡だった。

ふと振り向くと、いつのまにか島の口はどこかに消えて、白銀のリングは完全に閉じていた。停泊する入江も出口も分からず、時間のない島の中を迷い歩いて……。

南極の火山島、デセプション島の内部。外洋のうねりから守られ、湖のように静かな水面が続く。陸地は噴火による火山弾、火山礫
れき)、万年雪に覆われていた。降水日数は１年の８割ほどもあり、晴天は珍しいという。年平均気温、マイナス3℃前後。

# 火の島

南極のカルデラ火山島、デセプション島内部の入江は、火山灰に埋もれて消失したのか。過去三〇〇年間、少なくとも七回の噴火が知られているという。八度目の噴火が最近起きて、地形が大きく変化したのだろうか。

島の最奥部、白い海岸線に突き当たるまで進んでも、目指す入江は現れない。日没前に安全な停泊地に着かなければ、どこで夜を明かせばよいのか。一瞬、絶望感に襲われたが、思い直して船首を横に向け、リングの内側を回るように、海岸線を念入りに調べて進むことにした。

島の中に入って一時間半後、周りを囲む雪景色のスクリーンに、縦の裂け目が現れた。エンジンの回転を下げ、裂け目に船首を向けていく。すると純白のスクリーンが、急に裂け目の線から左右に開き、鮮やかな手品のように入江が出現した。

〈青海〉を中に進めると、測深器で海底の地形を調べ、錨《いかり》を海中に投下する。北東から吹くという強風に備え、念のため岸まで長いロープも張り渡す。

今夜は三〇日ぶりに、揺れないベッドで熟睡できる。ブエノスアイレスから続いた三〇〇〇キロの苦しい旅は終わり、〈青海〉は南極の入り口に着いたのだ。

翌朝、窓から太陽が差し込んで、黄色い光が船室の隅々まで充満すると、ぼくはバネのように跳ね起きて、一面に霜が凍りついた二重窓を、爪先でキューッと引っかいた。白一色の画面に青い線。外は快晴の青空だ。黄色いゴムボートに飛び乗って、朝の光の中に漕《こ》ぎだした。

数分で岸に着くと、噴石と火山礫《れき》で埋まった黒い浜辺にボートを引き上げて、白銀に輝くリングの斜面を登りだす。固い万年雪の上に積もった新雪のまぶしいカーペットに、ゴム長靴の跡が点々と付いていく。

辺りには、そよりと吹く風も音もない。輝く太陽の光だけが、暗いほど濃い青空と真っ白い雪面の間に満ちている。止まった時間の中、空中に浮かぶ光の粒子の間を、自分だけが動くようにも錯覚した。

山の中腹に立ち上がると、南極の澄んだ空気を通し、直径約一五キロのデセプション島が、光るリング状に見渡せた。

一九二一年、島の入り口付近では、火山熱で海水が沸騰し、停泊中の捕鯨船の底から、全てのペンキをはいだという。だが、今は人の気配の少しもない山と海と空だけが、時間の止まった平和な絵のように見えている。

岸辺に戻り、背中のバッグから軍用折りたたみシャベルを取り出すと、雪面の所々に顔を出す火山灰の黒い地面を掘ってみた。すると現れたのは白い雪、さらに深く掘ると黒い層、その下から再び雪が現れた。小規模な噴火を繰り返しているのだろう。

軽石のような多孔質の火山礫を記念に拾い、ボートで〈青海〉に引き返した。デッキに上がって岸を振り返ると、水から出たペンギンが三匹、雪の斜面をヨチヨチ歩きで登っている。ぼくは何度も「オーイ」と声をかけてみた。そのたびに辺りをキョロキョロ見回す彼らのしぐさが、かわいらしくてたまらない。

一九六九年に島が噴火したとき、滞在中の科学者が異変に気づく二日も前から、ペンギンたちは巣と卵を捨て、海へ逃げ去ったという。

今のところ噴火の危険はないだろう。彼らはまだ平気のようだから。

その夜遅く、ふと船室で目覚めると、犬が鼻で鳴くような奇妙な声が、闇の中に響いていた。

南極デセプション島の北西部、直径200mほどの小湾に停泊中。夏季に
吹き荒れるという北東の強風に備え、北岸から船首にロープを張っている。

# 白い幻影

※

南極に着いて三日目の朝、船内は氷点下に近く、ベッドの暖かい布団を出るのが面倒で、ぼくは早朝五時の出発を延ばしていた。

次の停泊地は、二〇〇キロほど先のメルキョー（Melchior）群島だ。小さな〈青海〉の速度では、徹夜で氷山を見張る二日がかりの航海だ。

やっと出発したのは、朝八時。まぶしい雪山のリングの内側を、デセプション島の出口に向けて一時間以上も前進する。

突然、針路が狂い始めた。氷海航行のために装備したオートパイロット（電動式自動操舵《そうだ》装置）の故障だ。

ただちに停船すると、デッキに工具箱を持ち出して、修理に取りかかる。人の気配の全くないリング状の島の中、白銀の山々に囲まれたスリ鉢の底のような水面で、機械をひとりで修理している……。半分夢を見ているような、妙に不思議な出来事に感じられた。

島を出たのは、正午前。弱い向かい風で帆は張れず、エンジンを回して前進する。周囲には強い潮流があるようで、小さくても険悪な三角波が立っている。

朝寝坊と修理で予想外の時間を無駄にしたが、遅くても明日の夕方にはメルキョー群島に着くだろう。ぼくは楽観していたのだ。

やがて数個の氷山と出合い、一つは今にも衝突しそうなほど近くを通過した。それにしても、なぜあれほど透き通った青なのか。鉱物の断面を思わせる表面模様は、どうしてできたのか。垂直に切り立つ青い氷壁に、波が白く砕けている。

前方の水平線に奇妙な光を見たのは、夕暮れ時だった。進むにつれて、輝く点は形と大きさを持ち始め、こうこうと光る黄金色の塊に変化した。空に自ら光を放出するようだ。ぼくは双眼鏡を取り上げる。

丸屋根の大きな教会堂、いや、ロケットの巨大な格納庫にも見える。どうしてここ南極に。まさか宇宙人の基地ではないだろう。

ハンドコンパスを向けて方位を測り、海図上で確かめると、それはオースチンという名の大岩だ。夕日を浴びて光る人工物のような外観は、とても自然の産物には思えない。

次の奇妙な体験は、真夜中過ぎに始まった。薄闇の中、二個のカイロと紅茶で体を温めながら、水平線に目を凝らし、徹夜で前進を続けていた。無風に近い夜だから、帆を下げたまま、墨汁のように黒い水をエンジンのパワーで切り進む。

周囲の闇には、ぼうっと燐光《りんこう》を発するように、氷に覆われた島々が浮かぶ。病の床でうなされて見た、薄白い幻影のようだった。

奇妙なことに、黒い海面に浮かぶ島々は、一時間前と少しも配置が変わらない。それどころかさらに数時間走っても、白い幻のような島影は、少しも後ろに過ぎ去らない。おかしい。〈青海〉は真夜中の海にエンジンを鳴らし、四ノットの速度で進んでいるはずだ。停船しているわけがない。逃げようとしても前に少しも進まない、奇妙な悪夢の中にいるようだ。

ライトを握り、船体の左右に光を振ると、横の黒い水面は、どんどん後ろに飛んでいく。やはり停船しているわけがない。なのに、島々が一つも過ぎ去らないのは……。

ただちにエンジンをフル回転にすると、最高速度五ノットで、黒い海面を夢中で突き進む。薄白い光をぼうっと放つ幻影のような島々は、しだいに闇の中を動き始め、ゆっくりと後方に去っていく。エンジン整備に少しでも手抜きや妥協があれば、高速回転に耐えられず、前進は不可能に近かった。

全力で走る〈青海〉が、無事に海流を抜けたとき、南極の夜空は寒々と白んで明けていた。進行状況を海図で調べると、目指すメルキョー群島はまだ一〇〇キロ以上も先だった。昨夜は予想外の時間を無駄にした。これでは日没前の到着は難しい。

といって、夜の群島に進入すれば、闇に隠れた岩や氷に衝突するだろう。群島の前で朝を待とうにも、もう一晩の徹夜は困難だ。体力と注意力の低下で、致命的な事故を招いてしまうだろう。

どうしよう。が、どうしようもなかった。ともかく進み続ける以外には。

の南極氷海前進

Episode 25

白い幻影

海面上の高さ5mを超すものを「氷山」と呼ぶ。 全体積の約9割が水面下に隠れ、その形状は推測が難しい。 海中で横に大きく突き出す部分に船底が触れ、被害を受けることもあるという。

# 幻のドーム

やはり思いどおりには進まなかった。一時は海流に押し戻されて、二日がかりの航海は大幅に遅れていた。これでは到着前に夜の闇が訪れる。

無風の海をエンジンで駆ける〈青海〉の真横には、こうこうと輝く光の帯が続いている。垂れ込めた雲と水平線に挟まれた横長いスリット状の空間に、氷に包まれた標高二〇〇〇メートルを超す島の、麓《ふもと》だけが姿を現して、まぶしい黄金の帯に見えるのだ。白い氷の斜面が、なぜあれほど金色に光るのか。太陽は厚い雲の上なのに、あの光はどこから来るのだろう。

島々が無音で輝く無風の海に、昼の時刻が近づくと、頬に横風が触れてきた。〈青海〉はマストの前後に大きく帆を揚げて、船脚を愉快なほどに増していく。

この調子、この風なら、夕方までに目的地に着くだろう。夜の到着を心配したのが嘘《うそ》のように思われて、ぼくは笑顔で口笛を吹きだした。

目指すメルキョー群島の島々が、水平線に白い塊状に見えたとき、時計はすでに午後八時を過ぎていた。まもなく夜が訪れる。

横の海面には、白いドームが並んでいる。ドーム状氷山の群れだろうか。たいして気にもかけずに前進する。走行距離の計算では、そろそろ到着してもよい時刻。なのに、行く手に見える白いメルキョー群島の塊は、ほとんどサイズを増してこない。

おかしい。〈青海〉は速度四ノットで確実に進んでいるはずだ。その証拠に左右の水面は、どんどん後ろに飛んでいく。群島に接近しないわけがない。つじつまの合わない奇妙な夢の中、夢と知りつつ、ひたすら走り続けているようだ。いや、もしかすると昨夜のように。

と思う間に、横に見えたドーム状氷山の群れは背後に過ぎて、空は暗みを帯びてきた。

前方の白い島々の塊は、本当にメルキョー群島だろうか。それとも、南極海に多発するという蜃気楼《しんきろう》なのか。ふと思いついて船室に下り、海図を詳しく調べたとき、ぞくりと背すじが凍りついた。

「あれは、さっき通り過ぎたのは、ドーム状氷山ではなくて……。しまった！」

即座に〈青海〉を停船させた。本物のメルキョー群島をドーム状氷山の群れと思い込み、横を素通りしていたのだ。

日没前の到着は、もはや決定的に不可能だ。といって、夜間に群島に進入すれば、闇の中で岩や氷に衝突してしまう。沖で朝を待つしかないだろう。が、昨夜は島々と競争するように〈青海〉を走らせて、全身に強い疲労を覚えていた。もう一晩の徹夜の見張りは、体力的に困難だ。

船室に下りて、加圧式灯油バーナーで湯を沸かすと、紅茶にブランデーと砂糖を山盛り入れて、二重底の保温カップで飲みながら、現在位置を海図に４Ｂ鉛筆で記入する。

窓の外では、空と海が暗さをしだいに増していく。だが、幸いにも風は死んだように息を止め、波もない。辺りは水深四〇〇メートルほどで、深すぎて錨《いかり》は打てないが、平らな水面に浮いたまま、なんとか仮眠をとれるだろう。

海図上にディバイダーを当てると、周囲に並ぶ島々から最も離れた場所を探し出す。そこならば風や潮に流されても、島々に衝突するまで一時間半の余裕があるはずだ。

紅茶で体が温まると、群島に背を向けてしばらく走り、闇の中でエンジンを切る。全ての音が消え去って、〈青海〉は黒い鏡のような水面に、ぽつりと浮かんで動かない。

静かだった。音のない夢の中にいるような、現実感の希薄な静寂だ。かすかな耳鳴りと、まばたきの音以外は。

二個の目覚まし時計を一時間後に合わせると、ぐっすり寝込まないよう、防寒服で着ぶくれの上半身だけをベッドに乗せて、不自然な姿勢で仮眠をとる。

寝たと思う間もなく、時計のベルに飛び起きて、周りの黒い海面をチェックした。〈青海〉の右手には、長さ約六〇キロのブラバント島が、幼いころの悪夢に何度も現れた、闇の中の薄白い人影のように、ぼうっと微弱な光を放つ。が、左手に見えるはずのメルキョー群島は、真っ暗闇に姿を消していた。用心しないと、潮に流されて衝突する。

一時間眠り、起きて、安全確認。それを数回も繰り返すと、南極の短い夜は明けた。ぼくはエンジンに始動ハンドルを差し込むと、両腕で力いっぱいに手回しする。

三・五馬力単気筒ディーゼルの規則正しい爆発音が、船体に心地よく響き始めると、舵《かじ》を握り締め、船首をメルキョー群島に向けていく。

辺りは、広大な曇り空の下の、白い朝だ。

氷は周期的に海に崩落して無数の浮き氷となり、しばしば小型船の航行を妨げる。

# 赤い廃墟

冷え冷えとした灰色一色の空と海。それらを区切る水平線に、白い島々が並んでいる。一つ一つの島は、厚さ数十メートルの氷に覆われて、山盛りご飯のような白いドーム状に見えている。

海図に記載のない暗礁を警戒しながら、気を張り詰めて舵《かじ》を握り、〈青海〉をメルキョー群島内に進ませる。南極の白と灰色ばかりの景色の中、鮮やかな赤色の建物と、数本の鉄塔が見えてきた。アルゼンチンの気象観測基地だった。

測深器の表示に注意しながら、小さなコンクリート桟橋に近づくと、船首を着けて上陸した。

基地は赤く塗られた三棟から成る。母屋《おもや》と発電棟と、もう一棟。周囲をぐるりと歩いてみると、建物はどれも木造で古く、かなり傷んでいる。二階に続く屋外の木製階段は、すでに朽ち果てていた。鉄塔から鉄塔に張られたアンテナ線は、切れてだらりと垂れている。ここには誰も住んでいないのだ。英国海軍発行の南極水路誌によれば、一九四七年に建設され、後に閉鎖されていた。

廃墟の不気味な雰囲気を感じつつ、ぼくは建物の角を回った。すると大アザラシに、ばたりと出くわして目が合った。数メートルも離れていない。黒っぽい巨体は丸々と太り、見るからに強そうだ。

驚きと恐怖で、身動きできない。どうやら相手も同じようだ。目と目を合わせたまま、ぼくはゆっくり後ずさりする。やがてアザラシのほうも奇声を上げながら、海に向けて逃げだした。

廃墟の中を、さらに歩いた。母屋の窓という窓は、板を打ち付けられて、ふさがっている。板の隙間から中をのぞいても、暗闇しか見えない。入り口に回ってドアの取っ手を何度も動かすが、どうやら鍵がかけてある。横の壁には、小さな木箱。中に鍵が入っていた。

ドアを開くと、屋内は薄暗くて気味悪い。幽霊でも出たら対処に困ると思い、〈青海〉に戻ってライトを持ってきた。

思い切って中に踏み込むと、入り口の横に休憩室らしい部屋、奥には寝室が続く。各部屋にはスチーム暖房のゴツゴツした鋳物の放熱機が置いてある。医薬品庫には、大量の薬や注射液のアンプルが天井近くまで棚に並び、さらに奥に進むと、風呂場、トイレ、台所などが続く。

食料庫の棚には缶詰、スパゲティ、乾燥タマネギ、粉末ホウレンソウ、古くなったソーセージだろうか、ミイラのような気味悪い塊も並んでいた。缶詰は皆、茶色く錆《さ》びている。一〇人ほどが暮らしていたのかもしれない。

数時間で基地を離れた。本当は行きたくなかった。基地は唯一の人間くささだ。そこを離れ、白く広大な冷たい世界に戻るのは、つらくて寂しいことだった。が、とどまり続けるのは危険なのだ。〈青海〉を泊めた基地の前は、北から吹く嵐に無防備な地形だった。

安全な停泊場所を求め、メルキョー群島の中を移動する。暗礁を警戒して身を乗り出すように前を見張りながら、島々の間をしばらく進むと、左右の白いドームが急に近づいて、海は細い水路に変化した。海図で今日の停泊候補地に決めたのは、さらに奥の狭い湾。だが、やがて目前に展開した光景は、実に意外なものだった。

青白い氷の絶壁が、湾の三方を囲んでいる。氷の所々には、ひびが入り、今にも崩れ落ちそうだ。数トンもある氷の塊が、一つでも船体を直撃したら、〈青海〉は瞬時に破壊されてしまうだろう。

海図を見ても、湾内は情報不足で、氷壁の存在どころか水深の記載もない。エンジンのアクセルレバーを微速に合わせ、〈青海〉を注意深く前進させていく。と、ガラスのように透明な薄緑色の水を通し、急に白っぽい海底が見えた。次の瞬間、船底から鈍い衝撃が響き、ぼくの体は前に転びそうなほど傾いて、〈青海〉は完全に停止した。

「座礁だ!」

メルキョー群島内、ガンマ島のアルゼンチン基地。南極の島々や大陸の海岸線は氷に覆われ、基地を建設可能な岩場はきわめて少ない。年平均気温マイナス3℃、平均湿度85%、平均気圧990hP。

# 青白い密室で

ついに座礁した。こともあろうに南極で座礁したのだ。人類の歴史が始まって以来、この小湾に来た船は何隻あるというのか。しかも今は夏の末で、船舶は南極を離れる季節だ。氷のドームと青白い氷壁に囲まれて、外から目隠しされた密室のような水面で、発見される望みはない。離礁できなければ、ひとりで越冬しなくては。

マストの左右に付いたステップを駆け登り、高い位置から小湾内を見渡した。前方の水底一面には、荒れ地のような浅瀬が広がり、転がる石の一つ一つまで鮮明に見える。

ぼくは落ちるようにマストを下りると、ゴムボートに空気を入れて乗り移り、水面から船底をのぞき込む。

水中には岩の塊が見え、船底から突き出すバラストの先が当たって止まっていた。それどころかバラストの後ろにも小岩がある。岩を一つ飛び越して、岩と岩の間に座礁したのだ。

ただちにエンジンのギアを入れ、ともかく後進を試みる。だが、エンジンの回転を増しても、動く気配は少しもない。前進と後進を交互に繰り返しても、舵《かじ》を切ってUターンを試みても、やはりだめだ。

マストを支えるワイヤにつかまると、体を海に大きく突き出した。体重で船体が横に傾けば、船底は海底から外れるはずだ。が、いつもは簡単に傾く小さな〈青海〉の船体が、水平のまま少しも動かない。完全に浅瀬に乗り上げて、微動すらしないのだ。

急いでボートに錨《いかり》とロープを積むと、沖に向けて五〇メートルほど漕《こ》ぎ進み、錨を海底に投下する。ただちに〈青海〉に引き返し、ウインチで錨のロープを強く引く。沖の海底に錨が食い込めば、船体のほうが沖に向けて戻るはずだ。

ところが、いくら引いても、ウインチハンドルに全身の力を込めても、錨のロープが固く張るだけで、船底をコンクリートで海底に固定したように、揺れも動きもしなかった。

食料の残りは三か月分ほどあるだろう。調理に使う真水は、氷を溶かしてつくればよい。氷を溶かす燃料は、灯油が三〇リットル残っている。食料と燃料が切れたとき、すでに南極は真冬の季節だ。〈青海〉を捨てる覚悟があれば、凍った海の上を有人基地まで歩いて行けるかもしれない。一〇〇キロ先に、米国基地があるはずだ。いや、〈青海〉を捨てるつもりはない。

一時は絶望を感じながらも、どうにかして浅瀬を抜け出そうと、あきらめずに試行錯誤を繰り返す。エンジンを吹かし、同時にウインチハンドルに力を込めながら、だめかもしれないと思いながらも、ともかく全力で後退を試みる。するとー時間後、急にウインチハンドルが軽くなり、鉄の棒のように固く張っていた錨のロープが、急に緩んで弧を描いた。ついにバラストが岩から外れたのだ。運よく潮が満ちて、船底を持ち上げたのに違いない。〈青海〉は速やかに浅瀬を離れると、白いドームとドームの間を通り、近くの広い湾に移動した。

停泊作業を無事に終え、ほっと一息ついた後、ぼくは二日ぶりに休息をとっていた。氷のドームに囲まれた水面には、ときおりアザラシが頭を突き出して、船体をぐるぐると回って去っていく。湾の岸では垂直に四〇メートルほども切り立つ氷壁が、数十分の周期で海に崩れ、雷鳴のような大音響を立てている。それにしても、ブルーのインクをかけたような氷の絶壁、青い鉱物結晶を無数に固めたような氷の断崖、両目を通って心の奥まで染みてくる、吸い込まれるように青い不思議な色彩は、どこの別世界から来たというのか。

日が暮れると、室温二度の船内に米国製、アルゼンチン製、チリ製の海図を何枚も広げ、照らし合わせて情報の信頼性をチェックしながら、南極大陸に向かうルートを確かめる。推測を意味する点線で海岸線を描いた海図、発行元が情報の少なさに困り果てたのか、次のように印刷された信じがたいものもある。

「この海図を使う船長は、船の航跡、水深、危険箇所、航海に役立つ情報等を書き入れ、発行元に送り返してほしい」

これほど情報の少ない極地の海を、再び座礁せずに南極大陸まで行けるだろうか。

航海日誌のページに不安を書き付けて、冷たいベッドに入ると眠りについた。

第三章

# 誤算の南極氷海前進

Episode 28

## 青白い密室で

メルキョー群島内、オメガ島（長さ3.7㎞）の小湾。〈青海〉が離礁した直後にボートから撮影。湾の三方を囲む氷壁には亀裂が入り、ときおり轟音（ごうおん）を立てて崩れ落ちる。写真中央付近の岩場には、アザラシの群れが確認できる。

# 嵐の予兆

午前五時四〇分、メルキョー群島に朝日が昇り始めると、氷に包まれた島々の上では浮き雲が、まぶしい銀桃《ぎんもも》色に輝いた。

六日も過ごした湾内に風はなく、昨日からの嵐はやんでいる。だが、気圧は九八五ヘクトパスカルと低い。すでに次の嵐が近づいているのかもしれない。

それでも出発しようと決意して、〈青海〉を岸につなぐ合計一一〇メートルのロープを回収すると、メルキョー群島を後にした。振り返った水面には、走る船体を追う魚、いや、双眼鏡で見るとペンギンたちが跳ねている。

次の目的地は八〇キロ南のドリアン湾だ。一日の移動距離としては長めだが、次の嵐が来る前に、なんとか到着しなくては。

先を急ぐ〈青海〉の周りでは、島々が日差しに照らされて、氷河の輝く白と岩肌の黒との、強烈なコントラストを見せていた。でも、それは進行方向だけで、後ろ半分には不吉な雲が広がり、山々に暗くかぶさっている。その境界線は常に頭上で、〈青海〉と同じ速度で進んでいるようだ。

ついさっき通り過ぎた場所は、すでに日陰なのに、〈青海〉は常に日を浴びているのが奇妙だった。

やがて周囲の海面には、青氷山がいくつも姿を現した。部分的に解ける速度が違うのか、波風に複雑に浸食されたのか、一つ一つの氷山は実に奇妙な形状で、あたかも抽象彫刻の作品群を見るようだ。

ガラスの大宮殿の失敗作、恐竜の透き通った骨の山、青白い巨大オバケキノコの集団にも見える。あまりにも幻想的な姿には、両目の焦点も合わない心地で、周りの景色もぐるぐると万華鏡のように回転するようだ。〈青海〉が進むにつれて、見上げる方向が変化して、一つ一つの解けかけた氷山は、不思議な幻でも見るように、刻一刻と姿を変えていく。

青氷山の一群を通り抜け、さらに前進を続けると、船底で不意にガツンと音が鳴り、〈青海〉は急に停止した。しまった、暗礁に乗り上げた。海図に記載のないやつだ。

これだから南極は油断がならない。わずか数秒間に、さまざまな思いが頭の中を過ぎていく。

次の瞬間、〈青海〉の横腹をこすりながら、ガラガラと音を立てて氷塊が流れてきた。岩ではなくて氷に衝突したようだ。船首をステンレスで補強した〈青海〉に被害はない。それどころか、長さ数メートルの氷は真っ二つに割れていた。

朝の出発から七時間後、〈青海〉はノイマイヤー(Neumayer)水道に進入し、両側に壮大な山々の並ぶ狭い水路を走りだす。出発直後は頭上に見えた、晴れと曇りの境界線は、すでに〈青海〉を追い抜いて、空は一面の灰色に変わっていた。急がないと嵐になる。目指すドリアン湾は水道の途中、入り口から二十数キロ奥にあるはずだ。

海図にない未発見の暗礁を警戒し、水道の岸に近寄らないように舵《かじ》をとる。水面には、いたるところに氷が浮いている。気をつけないと、また衝突するだろう。ハッチから頭を出して外を見回しながら、船室でパンケーキを焼き上げると、デッキにフライパンごと持ち出して、海面を見張りながら昼食をとる。

だが、おかしい。水道の途中には、海図に記載のない岬、小山のような白い岬が、進路をふさぐように突き出ている。道に迷ったのか、それとも海図の誤りか。

半信半疑で岬に近づいて、白い急峻な斜面を見上げてみる。「あっ、これは大きな氷山だ」。本物の陸地か、巨大な航空母艦を仰ぐようだ。

その氷山を迂回《うかい》した直後から、水面にはトゲのような鋭い小波が白く立ち上がり、氷片との見分けが難しくなっていた。気圧も間違いなく下がっている。急がないと本当に嵐が来てしまう。

水道の左右に続く岩と氷の景色が、心を揺さぶるほどに素晴らしく、〈青海〉は追っ手の風に帆を膨らませ、うれしいほど順調に駆けていたから、迫り来る嵐をたいして気に掛けてはいなかった。

ルメイヤー水道の北口付近。前方の山々の谷間に、細い水路が続いている。水道の両側には標高700～1,500mほどの山々が並び、壮大な景観を見せている。〈青海〉が通過時、海面には小さな氷が多く、しばしば船首でかき分けて進んだ。

# 悪夢の小湾

南緯六五度に間近いヴィーンケ(Wiencke)島のドリアン湾に着いたとき、狭い湾内には意外にも、一隻のヨットが浮いていた。

全長約一〇メートル、艇名〈Cocorli〉、船体はアルミ合金製で鈍い銀色。なぜか人の気配を感じない。〈青海〉に気づいて誰か出てくる様子もない。船室のハッチは開いたままだ。どうしたのだろう。

乗員が陸に上がって氷河のクレバスに落ちたのか。それとも船室で病気になったのか。いつからここに。ひょっとして数か月も……。

横に少し離れて〈青海〉を止めると、ゴムボートを水に下ろし、岸までロープを張る作業を開始する。船首は沖の岩に、船尾は湾の岸に、それぞれ長いロープでつないでおけば、船体が吹き流される不安はない。

沖の海面には、手ごろな小岩が頭を出している。でも、その岩にロープを張って停泊すると、〈青海〉は銀色のヨットに近寄り過ぎて、ぶつかり合うかもしれなかった。

やむなく船首からは錨を打ち、船尾から湾の岸まで七〇メートルのロープを張り渡す。これで船尾は陸につながれ、岸から強風が襲っても、吹き流されてしまう危険はない。だが、船首を向けた沖から吹く風には、錨だけが頼りだ。

エンジンを全力にして錨を引いても、海底から外れる気配はない。過去の経験から、風力九の嵐までは耐えるだろう。でも、予期せぬことは起きるものだ。ここが南極であることを忘れてはならない。やはり船首から沖の小岩にロープを……。

気がつくと、白い岸辺に赤と青の人影が動いていた。ほどなく彼らは、〈青海〉の横にボートを漕《こ》いできて、握手と自己紹介を始めていた。

フランス人の若者、オリビエとガールフレンドのケティーだった。南極の山と海と氷の世界に憧れて、地中海のニース港を離れた彼らは、南極をすでに一か月ほども旅しているという。今は北に向け、帰路を急いでいるらしい。

〈青海〉に横付けしたボートに突っ立ったまま、オリビエは深刻な顔で言う。

「南極の夏は完全に終わってしまった。急いで帰らないと冬が来る」

なんということだ。これから〈青海〉はさらに進んで、南極大陸を目指すのに。

ふと思いついて、聞いてみた。

「君たち、船首から沖の小岩にロープを張ったかい？」

「もちろんさ。南極では想像を超えた嵐が吹くからね」

「でも、水路誌によれば、ここの海底は南極には珍しく泥で、錨が利くようだから。ねっ、そうだろう。沖の小岩にロープを張らなくても、大丈夫だね？」

「君の小さいヨットなら、風当たりも少ないかな。あっ、そうそう、私たちのヨットで、お茶でも一緒にどうですか」

ブエノスアイレスを出て以来、ひとりぼっちが三八日も続いたから、人恋しくてたまらない。最優先となる〈青海〉の安全確保を怠り、ぼくは即座に「ＯＫ」と答えていた。

ゴムボートを漕いで訪ねた銀色ヨットの船内は、暖かく、広く、豪華だった。オーブン付きの立派なキッチン、手足を楽々と伸ばせるベッド、軽油ストーブの暖房設備、壁にはステレオのスピーカーも並んでいる。〈青海〉の粗末な船室に比べれば、小屋と御殿ほどの差があった。それでも彼らは、自分たちのヨットが南極に来た最小記録と、これまで信じていたらしい。

皆でテーブルを囲むと、赤ワインのコルクを抜いて乾杯し、最果ての海で知り合えた幸運を喜び合う。

ケティーのフランス料理を味わいながら、すてきな時間が過ぎていく。我々はヨットや自分たちのこと、南極の山々の息をのむ輝きや、巡り合った極地の動物について語り合う。あまりにも楽しく平和だったから、ロープのことは完全に忘れていた。

ワインで酔いが回った。いや、ヨットが揺れているのだ。沖から吹く北風が強まり、うねりが湾内まで寄せていた。

「君のヨットは、まだ吹き流されていないよ」

悪い冗談を言う彼らの顔を見て、ぼくは不安になってきた。

腕時計の液晶表示は、午後一〇時を過ぎている。でも、窓の外は薄明るい。

「あれ、もうこんな時間だ。そろそろ帰って寝ようかな。まだ七時ごろと思っていたよ。南極の白夜だね」

フランス艇を急いで後にすると、ゴムボートも吹き飛びそうな風の中、十数メートル横に並んだ〈青海〉に向けて、白波の上を全力で漕ぎ進む。やっと帰り着いた船内は、寒く、狭く、貧しくて、おいしい料理も何もなかった。

南極の白い景色が、やがて真っ黒い闇に変わった。船首を向けた沖から吹く風は、さらに勢いを増し、船室の気圧計も台風並みの九七〇ヘクトパスカルを下回った。烈風の立てる悲鳴に似た轟音《ごうおん》が、〈青海〉の船体を包んでいる。

これほどの強風は久しぶり、いや、初めてかもしれない。船首の錨が滑れば、たちまち湾の岸に流される。船尾から岸に七〇メートルのロープを張ったように、船首から沖の小岩にも長いロープを……。が、強風と、闇と、うねりの中、ゴムボートでの作業は不可能だった。ぼくは朝までの無事を祈ると、人を威嚇するような烈風の叫び声に耐えながら、大揺れのベッドで仮眠を始めていた。

夜半過ぎ、測深器の警報ブザーが鳴り響いた。表示を見ると水深三メートルもない。驚いて壁のコンパスをチェックすると、北を向いていた船首が、いつのまにか西を向いている。錨が滑り、船体は横向きの姿勢で流されているのだ。

夢か現実かも分からずに、あわてて船室を飛び出した。自分の両手も見えない完全な暗闇の中、〈青海〉の位置は見当もつかない。ぼくはサーチライトを握って闇に向けた。すると岸は七〇メートル離れていたはずなのに、目の前に黒岩と雪の海岸が照らし出された。驚いてライトを反対方向に振ると、横に並んでいたはずのフランス艇が、沖に小さく見える。〈青海〉は本当に流されているのだ。

ほどなく測深器の表示は一・五メートルを指した。と思う間に、岩の衝撃が床下から響いた。船体は打ち寄せる波に持ち上げられ、次の瞬間には落とされ、ガツン、ガツンと船底を何度も岩に打ち付ける。

もはや、どうしようもない。今に真っ暗闇の岩場に押し倒され、氷点下一度の海水が船室に入ってくるだろう。夜が明けて嵐が収まれば、フランス艇に引いてもらい、岸を離脱できるだろうか。おそらく無理に違いない。夜明けまでには岩々の角が、船底を打ち破ってしまうだろう。

いや、そんなことが起きてたまるか。この危機をなんとか、どうにかして克服しよう。セルモーターもない小さなエンジンが、これほどの強風の中で役立つ見込みはないけれど、ともかく試してみなくては。が、寒さのためスタートしない。片手で握った始動ハンドルは、ぐるぐると空転するばかりだ。

念入りな点検を欠かさない〈青海〉のエンジン、心を込めて定期的に分解整備を続けてきたエンジンが、スタートしないわけがない。少量のベンジンを吸気口に注ぐと、全身の力を腕に込め、重い鉄のハンドルをさらに速く回してみる。息が切れるたびに休みながら、二度、三度、四度、夢中で始動を試みる。

ついに五度目、エンジンは爆音を立ててスタートした。船室からデッキに走り出て、沖の方向に舵《かじ》を切る。

数分後、船底を打つ岩の衝撃の間隔が、少しずつ延びると、やがて止まった。〈青海〉は強風とうねりに勝って、ゆっくりと岸を離れている。

でも、この真っ暗闇と嵐の中、どこに行けば助かるというのか。

とりあえずエンジンで少しずつ進み、フランス艇に助けを求めよう。彼らは岸から二本、沖の岩にも二本、長いロープを張っている。横腹に小さな〈青海〉をつないでも、おそらく吹き流される危険はない。

波と強風に逆らって、ともかく全力前進を試みる。夢中でフランス艇に接近を試みる。が、だめだ。どうにか途中まで行けるのに、風の力が強すぎて、最後の一〇メートルが進めない。もう少しで横付けできるのに、それより前に進めない。

波と風の威力に負けて、岸に戻されかけるたび、エンジンが壊れそうなほど回転数を上げて、全力前進を試みる。が、何度やっても、だめだ。フランス艇の一〇メートル手前に達すると、不思議な力に引かれるように、なぜか止まってしまうのだ。

〈青海〉は前進できないまま、舵のコントロールを失って、横流れを始めていた。高速回転するスクリューが、岸とフランス艇をつなぐ長いロープに触れれば、すぐに切断してしまうだろう。

そう思う間に、船底からロープをこする音が響いた。驚いてアクセルレバーを引き戻す。同時に推進力を失った〈青海〉は、闇の中をどんどん吹き流されていく。

「これでは岩場に再び乗り上げる！」

あわててアクセルレバーを前に押し、烈風と高波に逆らって、もう一度フランス艇に夢中で接近を試みる。

## 悪夢の小湾

が、やはり、おかしい。残り一〇メートルまではどうにか行けるのに、それ以上は一歩も進めない。犬をつないだ鎖が張ったように、少しも前に進めない。

「犬の鎖？　鎖？？　いや、ロープだ！」

急に思いついてライトを後ろの水面に向けると、船尾から岸に向けて白いラインが延びている。湾に着いたとき、停泊作業で張った七〇メートルのロープだ。暗闇の中で気が動転し、こんなことさえ忘れていた。

即座にロープを外すと海に投げ捨て、再び全力前進を試みる。周りが空か海か分からないほど深い闇の中、ぼくが必死で点滅させる二四万カンデラの強力サーチライト。そのまぶしい光に驚いて、フランス艇の二人はデッキに姿を現した。

烈風と高波の威力に負けて、〈青海〉は岸に何度も戻されそうになりながら、それでも少しずつ、少しずつ、フランス艇に近づいて、ついには真横に並ぶ。ところが二つの船体は波とうねりで互いに大きく上下して、船腹で激しく衝突を繰り返す。

「早くロープを投げろ」

風の絶叫が響く闇に、彼らが声を張り上げた。ぼくは大急ぎで船尾から一本、船首からは二本目のロープも投げ渡し、〈青海〉をしっかりとフランス艇に横付けする。

「ああ、これで大丈夫、これで助かった、命拾いだ」

が、周囲をライトで確認したとき、一大事に気づいた。フランス艇を岸につなぐロープのうち、一本が途中で切れている。驚いて横の海面にサーチライトを向けると、闇の中に黒光りする岩場が迫っていた。合計四本のロープが三本に減って、力のバランスが崩れ、二艇は並んだまま湾の横岸に流されていたのだ。

ほどなく岩場に乗り上げて、波に持ち上げられては落とされ、岩に何度も打ちつけられて、船底が破れてしまうだろう。二艇とも航行不能になれば、我々三人は南極に残されたまま冬が来る。

絶望のあまり、しばらくデッキに立ちすくんでいたが、幸いにも残りのロープがどうにか利いて、二艇は岩場の直前で止まっていた。

さらに風力が増すか、ロープがもう一本切れれば、二艇とも間違いなく座礁するだろう。

「南極の海は、もうこりごりだ。夢、夢なら、今すぐ覚めてほしい」

北の烈風がうなる闇の中、心の底から叫んでいた。

ドリアン湾に白い朝が来たとき、一夜の嵐は勢いを弱め、二艇のヨットが浮かぶ水面には、小波だけが立っていた。

湾口の浅瀬には、強風で流れ着いた氷山がいくつも座礁して、壮大な展覧会のように並んでいる。巨大な鉄の爪で引っかいたような荒い縞《しま》模様の青氷山、茶色い平行線が地層のように走るピラミッド状氷山も立っている。これらの特徴的な姿は、氷山一つ一つの生い立ちを物語っているに違いない。もともと海だった彼らが、蒸発して天に昇り、雪となって地上に降り積もり、圧縮されて氷に変わり、氷河となって陸を下る旅の末、解けて再び海に還《かえ》る、気の遠くなるほど長い生涯の物語を。

さらに風が落ちた昼過ぎ、岸までボートを漕ぐと、クジラの骨が散らばる黒岩の浜を、ゴム長靴で踏んで上陸した。

足跡も付かないほど硬い万年雪の上には、体長三メートル近いウェッデル(Weddell)アザラシの体が一本、ゴロリと転がっている。ゆっくり歩いて近寄ると、寝たままの姿勢で頭を持ち上げ、ぼくを見た。両目がパチリと丸く、犬のようなヒゲの生えた顔つきは、中学で同級だった白木君にそっくりだ。

万年雪の上をさらに進み、白い斜面をしばらく登り続けると、小高い氷の尾根に出た。前方に開けた眺めは、薄墨色に冷えた海、寒々とした曇り空、それらの境目に浮かぶ純白の氷山。景色は色彩のない白黒写真の世界。全てがクリーンで、空気中の汚れも凍結して落ちたよう。ぼくは口を開けて何も考えられずに、ぼうっとしながら、ゆっくりと白い斜面を踏んでいく。氷河の縁に近寄ると、クレバスに落ちるかもしれない。

海辺に引き返すと、ペンギンのコロニーに足を向けた。夏の子育てが終わった岩場の上は、寂しいほど閑散として、所々に身長六〇センチほどのペンギンが、白い胸を張って身動きもせずに海を見つめ、嵐の名残風に吹かれて立っている。氷の世界に生まれた彼らは、毎日何を思って生き、何を求めて老い、やがて海の水に還るのか。

忍び足で近づくと、彼らは見て見ぬそぶりで、決して視線を合わせずに、急ぎ足で遠ざかる。本気で追いかけない限り、数メートル以内には近寄れなかった。額の左右に付いた眉毛のような三角模様、オレンジの嘴《くちばし》が白黒の体によく似合う、ジェンツー（Gentoo）ペンギンという種類だ。辺りには、干し魚のような強い臭気が満ちていた。

翌日も、小さなドリアン湾の水面には、雪まじりの風が吹いていた。天気の回復を祈りつつ、出発予定を繰り延べる。だが四日目の朝が来ても、厚い雪雲には切れ目も出ない。フランス艇は、それでも出航を決意した。天気が悪くても乗員二人なら、交代で氷山を見張って進めるだろう。

「南米まで無事に帰り着いたら、ぜひブエノスアイレスで会いましょう」

一足先に南極を離れる彼らと、固い握手を交わして約束する。だが、夏の終わった今、これから南極大陸を目指す〈青海〉が、凍結の迫った南極の海を脱出し、大荒れのドレーク海峡を無事に渡り、南米まで帰り着けるという保証はない。

背すじに冷たい汗を感じながら、湾を出ていく彼らに向けて、ぼくは両手を何度も振っていた。

〈青海〉よりはるかに大きなフランス艇にとっても、それは決して平穏な航海ではなかった。数週間後、彼らのヨットは南緯五〇度付近で転覆し、マストを破損したという。

ドリアン湾に停泊中のフランス艇（手前）と〈青海〉。マストの高さから、艇のサイズの違いが分かる。雪面に横たわるのはウェッデルアザラシ。頭を持ち上げ、こちらを警戒している。撮影距離は数ｍで、これ以上近づくと雪面をロールするようにして逃げる。

Episode 30 悪夢の小湾

ドリアン湾に停泊中の〈青海〉。南岸から撮影。湾内は幅350m 奥行き200mと狭く、湾口には岩が並び、進入路はきわめて限られている。水深は5m程度と浅く、氷山は底がつかえて湾内に入れない。写真中央付近には、湾口で座礁した氷山が並んでいる。

Episode 30

# 悪夢の小湾

晴天のドリアン湾に夕日が差している。黄金色に山々が光り輝く、夢を見ているような景色の中、人間は自分ひとりきりで奇妙だった。ときおりペンギンの声が響く以外に、音はない。

Episode 30

# 悪夢の小湾

早朝のドリアン湾に停泊中の〈青海〉。海面には厚さ1～2㎝の薄氷が張っている。ゴムボートのオールで割りながら進んで撮影。

# パラダイスという名の地獄絵

ヴィーンケ(Wiencke)島のドリアン湾に、日の出前の青い光が水底のように満ちている。空も、海も、周りの山々も、真っ青な明け方の夢のよう。

停泊中の〈青海〉を囲む水面は、あたかも硬い青石張りの床だった。湾一面が凍って身動きできないか。ぼくはゴムボートのオールを手に取ると、デッキから身を乗り出して海を突く。力を込めたオールの先は、氷板をガシャリと貫いた。厚さ二センチ以下の薄氷だ。船底をステンレスで補強した〈青海〉なら、湾を出るのに支障はない。

快晴の澄んだ夜明け空に、ほどなく朝日が昇り始めると、沖の方角には標高二八二二メートルの氷に包まれた頂上が、ドキリとするほど輝く紅色に染まってきた。

五日も続いた雪まじりの風は嘘《うそ》のように静まって、見上げる空を隅々まで探しても、心が吸い込まれそうに青いばかりで、一切れの雲も見当たらない。

ついに何年も待ち望んだ朝が来た。半月前に南極の火山島に着いて以来、氷に包まれた島々の間を南下して、いよいよ今日は南極半島に到達する。地球最南の大地、憧れの白い大陸を、自分の両足で踏みしめるのだ。

エンジンの暖機運転を終えた〈青海〉は、船首で氷を割ってドリアン湾の外に出て、ノイマイヤー水道を走りだす。狭い水道の両側には、息をのむような白銀の山々が続き、海面には純白の浮き氷が美しすぎた。

❄

出発から六時間後、南極大陸の上陸点に決めたパラダイス湾に着いたとき、午後の太陽は山々の氷の稜線《りょうせん》に、少し近づきかけていた。

奥行き十数キロの広々とした湾内は、魔法をかけられたように静まって、かすかな風も、さざ波もない。周りを取り巻く白銀の山々が、風の侵入を防いでいた。

それは信じがたい凪《なぎ》だった。これほどの無風も、これほど真っ平らな海も、かつて経験したことがない。

湾の水面は、あたかも一枚の巨大な鏡だ。周りを囲む白銀の山々が放つ光を、そのまま完璧に反射している。氷をかぶった山々の輝く姿、まぶしい雪景色を、上下対称に映している。

水銀状に光る広大な水面には、周囲の山々から崩れて漂う無数の白い氷塊が、心臓を握り締められるほど美しい。

湾の奥を目指す〈青海〉の前方には、氷と岩の白黒模様が、水面から空に向けて千数百メートルも立ち上がる。その壮大な陸地と海との境界線に目を凝らすと、かすかな点のように、数個の赤い建物が見えてきた。アルゼンチンの科学ステーション、アルミランテ・ブラウン基地だった。

パラダイス湾に入って一時間半後、基地の五〇メートル手前に達すると、ボートを水に下ろし、水鏡に映った山々を揺らして何の困難もなく漕《こ》ぎ進み、憧れの大陸、念願の目的地、地球最南の白い大地を、ついに自分の両足で踏みしめる。

数年来の夢がかない、南極大陸到達に成功した。アルゼンチンで頑張った〈青海〉の改造作業、夜遅くまでの資金稼ぎ、あの忘れられない転覆事故、荒波のドレーク海峡を渡るつらい日々……。だが、感動に浸る余裕はない。硬く鋭い大小無数の氷塊が、潮に運ばれて動き回る湾内で、〈青海〉が無事に今夜を過ごせるか、ただそればかりが気掛かりだ。


岸の斜面をゴム長靴で踏んでいくと、やがて目撃したのは、赤錆《さ》びた鉄骨やトタン板の重なり合った、スクラップ置き場のような焼け跡だった。

数年前、この基地で働く医師に、もう一年の南極勤務が言い渡された。それを不満に思った彼は、どうしても帰国を果たそうと、診療室のX線装置をショートさせ、基地を焼いたということだ。

全焼した母屋《おもや》の周囲を歩いてみると、倉庫や発電棟、工作場のような建物が、全く無傷で残っていた。その一つに入ってみると、昨日まで人がいたように、機械や工具類が手入れされ、整然と配置されていた。

焼け跡から二〇〇メートルほど離れた岩場には、青白い氷壁をバックに、赤塗りの小屋が鮮やかに映えて立っていた。恐る恐るドアを開けると、目の前に玄関のような小部屋が現れ、スパゲティとマカロニの大袋が、いくつも棚に詰まっている。下段には一枚のメモと一緒に、ポーランド製瓶詰ジャムやビスケットの箱も並んでいた。メモの内容では二か月ほど前の真夏の時期、ポーランド隊が無人の基地を訪れ、少量の食料を置いたらしい。

次のドアを開けてメインルームに入ると、ガラス窓から差す夕日で、部屋中が気持ちよく明るい。中央には食卓のような四角いテーブル。壁の棚にはラベルがスペイン語のチョコレート、缶詰、雑誌が並び、奥に小さな台所、二段ベッドも見える。母屋が焼けたとき、この避難小屋で、彼らは救助船を待っていたのだろう。

ふと思いついて、雑誌や缶詰を手に取ると、一つ一つ調べてみた。どれも七年前の日付で、なぜか新しいものは一つもない。基地が燃えて放棄されたのは、二年ほど前のはずなのに。奇妙だった。この湾内では、もしかすると時間の流れ方が狂っている。それとも、ぼくの頭のほうが……。広大な未知の大陸の片端に建てられた、かすかな人の気配も音もない小屋の中、ひとりぼっちで立ちつくし、目まいがするような、奇妙な心地に襲われた。

二〇分ほどで外に出て、海岸の岩場をゴム長靴で踏んだとき、夕暮れの赤みがかった弱々しい太陽が、パラダイス湾一面を夢の映像に変えていた。

眺めは、まさにパラダイス。磨きあげた巨大な銀盤のように光る海、その上に点々と漂う大小無数の氷と氷山。広い水面を取り巻く氷の山々は、極楽浄土のように荘厳な光を一斉に放ち、神々しい姿を銀盤の海に映している。一九世紀に湾を発見した人たちも、同じ光景を目撃し、「パラダイス湾」と名付けたのか。とてもこの世の眺めとは思えない。

だが、さえぎるもののない広々とした水面に、湾口から風が吹き込めば、一つの重量が数百キロから数トンを超す氷塊が、湾の奥まで無数に寄せられて、船体を隙間もなく囲んで閉じ込める。湾内を潮流に乗って動き回る氷山が、停泊中の〈青海〉に接触すれば、鋭い角で船腹を切り裂くかもしれない。

氷の怖さを思うと、大小無数の氷塊が漂う湾内、岩のように危険な氷が動き回る不吉な景色、何年も求め続けた目的地の眺めは、「パラダイス」という名の地獄絵にも見えた。

ボートを漕いで〈青海〉に戻ると、デッキに腹ばいになって両手を伸ばし、海面からスイカほどの氷を引き上げる。ぼくはデッキに立ち上がり、ツルハシを振り下ろす。氷河の氷は想像以上に硬く、まるでガラスの塊を砕くようだった。

割った氷を鍋に詰めると、船室の灯油バーナーの上に載せ、夕飯用の真水をつくる。氷の小さな塊は、溶けるにつれて上下のバランスを失い、クルリクルリと面白いほどに回転する。氷山に近づくと危険な理由も、これを見ると簡単に理解できた。

船室の外では、ときおり遠雷のような音が鳴り響き、大量の氷が山々から海に崩れ落ちる。その鋭い無数の氷塊が、潮に運ばれてゴツンと船腹に打ち当たる、一瞬ドキリとして身構える心臓に悪い音。氷に密閉された太古の空気が、次々と水中に弾《はじ》け散る、意外に大きなピチピチ音。小さな〈青海〉の船体は、いくつもの音色に包まれている。

パラダイス湾一面に、やがて青黒い夕闇が下りると、船体を取り巻く水面には、薄氷のフィルムが張りだした。南極では、冬が始まりかけている。一日も早く脱出しなければ、〈青海〉は氷に閉じ込められてしまうだろう。

翌朝、その美しくも恐ろしい湾を逃げるように立ち去ると、ヴィーンケ島のドリアン湾に引き返した。

池のように小さなドリアン湾では、暗いほど濃い青空の下、金色の日差しが無風の空気中に無音で降り注ぎ、氷の山々をまぶしく光らせる、絵のような時間が流れていた。紺青の空、海、白銀の山々を描いた巨大ドームの内側を、ひとりぼっちで見回すようだ。これほどの景色に巡り合えた人間は、地上に一握りもいないだろうな。

完璧な静寂を破り、ときおりペンギンの声が響く。湾の中央に泊めた〈青海〉から、岸を双眼鏡で眺めると、無数の白い腹が日を浴びて、岩場の上に並んでいた。近くの水中に目を落とすと、陸ではヨチヨチ歩きの彼らが、飛行機のように両翼を広げ、高速で飛ぶように魚を追っている。

炊事用の真水を求め、ゴムボートを湾の岸まで漕いでみた。万年雪の斜面を下る水流は、すでに硬く凍っていた。氷の薄い場所を探して穴を開けると、コップで何度も水を汲《く》み、ガーゼで濾《こ》してポリタンクに注ぎ込む。

数日前、この白い斜面を歩いたとき、流れは凍っていなかった。急いで南極を出なくては、海面も厚く凍結し、脱出は全く不可能になるだろう。

Episode 31

# パラダイスという名の地獄絵

ノイマイヤー水道西岸にそびえるウィリアム山(標高1,515m)。ドリアン湾を出発直後に撮影。写真中央に山と海との境界線が見え、その手前左右に氷山がいくつも並んでいる。〈青海〉のデッキには百数十mの停泊用ロープ、非常用に空気を半分抜いたゴムボートやオールがロープで固定されている。

誤算の南極氷海前進

Episode 31

# パラダイスという名の地獄絵

アルミランテ・ブラウン基地付近。写真左に茶色い焼け跡、周辺の赤い小屋、通信用鉄塔、岩を這（は）うパイプ類も確認できる。

南極大陸の丘から望むパラダイス湾。雪の斜面にカメラを置き、海を見下ろす角度で撮影。写真下部の雪面よりはるか下に、海岸線が隠れている。中央付近の海面には、すでに薄氷が張っているようだ。

# 氷海の彼方《かなた》へ

南極大陸上陸の夢を果たし、思い残すことはないはずだ。なのに、冬の迫る南極半島の岸沿いを、ぼくはさらに南下しようと決意した。これまでに獲得した知識と技術を応用すれば、次も必ず成功するだろう。

太陽が北天に近づいた朝一〇時、〈青海〉は六〇キロ南のガリンデス(Galindez)島に向けて帆を揚げる。行く手の水平線に横たわる白い山脈の塊には、ナイフで切断したような鋭い切れ目が見えてきた。峡谷の底の通り道、ルメール水道だ。およそ一五キロ続くこの谷を、人々はコダック(Kodak)バレーとも呼ぶらしい。急峻《きゅうしゅん》な山々が谷底の水面からそそり立つ、南極の景勝地といわれる絶景に、皆が夢中でカメラを向けるためだろう。

北風に押されて南下する〈青海〉が、ルメール水道の口に達したとき、ぼくは双眼鏡を握って狭い谷間をチェックした。前方に川のように続く水面は、途中から青白い氷で埋まり、通過できる隙間はない。

無数の氷塊が密集して見えるのは、離れて眺めるからだろう。近寄れば、氷と氷の間が開くはずだ。エンジンを始動して帆を降ろすと、谷底の水面を走りだす。

だが、近づけど、近づけど、前方の氷に隙間は見えてこない。ついに〈青海〉は、氷の密集する原野のような水面に突き当たった。

長さ数十センチの透明な氷片、ドラム缶ほどの白い氷、数メートルを超す青白い氷塊が、びっしりと谷間を埋めている。これでは進めるわけがない。といって、すでに出発から五時間が過ぎた今、北風に逆行して引き返せば、途中で必ず日が沈み、闇に隠れた岩や氷に衝突するだろう。引き返せない以上、戻れない以上、ともかく前進しなくては。

心を決めると、マストに付いたステップを駆け登り、海面上一〇メートルから前方の氷原を見渡した。急峻な山々が左右にそびえる谷底の水面は、大小無数の氷で埋まり、通過できる隙間はどこにも見つからない。

だが、目を凝らしてよく見ると、前方の白い氷原の一か所に、円い黒池のような水面が、ぽかりと口を開けている。

小さな氷片は押し分け、大きな氷塊は迂回《うかい》して、ひとまずあの黒池まで前進を試みよう。マストを下りると、船首を氷原に突き入れた。

次の瞬間、氷とのすさまじい摩擦音が船体を包囲した。ガラスのように鋭い無数の氷片は、絶え間なく船首にぶつかり、船腹をえぐり取るようにこすりながら、次々と船尾に流れていく。重さ数百キロもある氷塊が当たるたび、〈青海〉とぼくの体は前後に激しく揺さぶられ、ガラガラという金属音が、アルミのマストに鳴り響く。

二〇分後、氷原に口を開けた黒池に達すると、再びマストに駆け登り、さらに前方を確かめる。今度は絶望に近かった。大小無数の青白い氷塊が、これまでより密に詰まっている。前進を強行し、氷原の中で行動の自由を失えば、風や潮で動く氷の圧力で、船体は破壊されるだろう。

谷底から空を突くマストの先端にしがみつき、懸命に瞳を凝らして進路を探す。前方は、やはり一面の白い氷ばかりで、黒い水面はどこにも口を開けていない。

双眼鏡を握り、さらに注意深く周囲の海面を調べてみた。すると前方ではなく、〈青海〉の数百メートル横、水道の岸沿いに、ほんのかすかな黒い線が、小川のように延びている。あの細長い水面に行けば、おそらくルメール水道を抜け出せる。

急いでマストを下りると舵《かじ》を握り、内側から黒池の縁を突く。が、だめだ、氷の密度が高すぎる。船首は氷原にめり込んで、ついに力尽きるように停止した。あの黒い小川のような水面に行けば、水道を脱出できるのに。

ふと、白い氷原から空に視線を上げたとき、水道の左右に一〇〇〇メートル近く切り立つ山々の、息をのむほど鮮烈な映像が、両目に鋭く飛び込んだ。急峻すぎて雪も付かない荘厳な峰々。だが、斜面を縦横に交差して走る細い窪《くぼ》みに雪がたまり、黒い岩肌は白く繊細な網目模様に包まれている。極限まで澄んだ冷気の中、絶壁状の山々は神々しいほどに、美しくも人を威圧する迫力で立っていた。

氷で埋まったルメール水道。山々に積もった雪が自重で圧縮されて氷となり、海に崩れ落ち、大小無数の浮き氷となる。帆を揚げると小回りが利かないため、3.5馬力のディーゼルエンジンで航行中。

# 基地は越冬態勢に

峡谷の底の通り道、ルメール水道で進路を氷に阻まれた〈青海〉は、進んでは止まり、止まっては動き、少しずつ氷原を切り進み、やっとの思いで谷間の水道から抜け出した。

前方に寒々と開けた南極海。水平線の島々に双眼鏡を向けてみる。円い視野の片隅には、目指すガリンデス(Galindez)島、その上にミニチュアのように並ぶ英国ファラデー基地のアンテナ塔と建物群が見えてきた。南極の広大な景色の中、あまりにもかすかで、あまりにも微小な存在だった。

ガリンデス島の入江に着くと、氷海航行のストレスと疲労で、丸二日もベッドに倒れていた。四〇〇メートル離れた基地をゴムボートで訪ねたのは、三月二〇日。すでに南半球は秋分だった。

冷凍室のように厚いドアの入り口を通り、防寒服と手袋を脱いで二階の食堂に上がると、タータンチェック柄の赤シャツを着た男が出迎えた。隊員のユニフォームのようだ。

「ようこそ。テーブルで紅茶でもいかがですか。これまでフランスのヨットも来ましたよ」

「イギリスのヨットは？　フランス人のほうが冒険好きかな」

「いやいや、我々英国民ほどにはね」

「ここには何人のメンバーが？」

「科学者、メカニック、調理師など合わせて二四名ですが、まもなく半数以下に減りますよ。越冬態勢が始まって」

一通りの挨拶《あいさつ》と基地の見学が終わると、シャワーを使いたいと頼んでみた。

「真水は貴重です。無駄にしないよう願います。ヨットに戻って、タオルや石鹸《せっけん》を取ってきたらどうですか」

「全部、上着のポケットに入っています」

ブエノスアイレスを出て以来の五〇日ぶりに浴びた熱い湯は、南極の寒気に冷えた体と心を温めた。

数日後、補給船〈Bransfield〉が訪れ、夏期隊員の引き揚げと物資の補給を完了すると、ファラデー基地では越冬態勢が始まった。

これ以上の南下は、もはや決定的に不可能だ。それどころか南極海を即座に脱出しなくては、水面が厚く凍り、ガリンデス島の小湾に停泊中。船首と船尾からは、岸までロープを張っている。湾内は水深が浅く、大きな氷塊や氷山は底がつかえて入れない。写真下部手前の岩場には、南極ではきわめて珍しいコケが生えている。

## Episode 33 基地は越冬態勢に

〈青海〉は帰路を閉ざされる。

だが、北に向けて引き返そうにも、天気の安定した夏が終われば当然のように、雪まじりの風が吹き荒れて、出発できない日々が続いた。

船室の気圧計は毎日のように指針を激しく上下させ、故障したかと疑うほどに低い、九五五ヘクトパスカルを表示した。窓の外では突然に風が息を止め、雲間に嘘《うそ》のような青空が出ても、数分後には逆方向から猛烈な吹雪が襲ってくる。低気圧の中心が、休む間もなく次々と通過しているのだ。〈青海〉に南極脱出の隙を与えないかのように。

毎朝、室温二度の船内に、二個の目覚まし時計が鳴り響く。だが、出発しようにも天候回復の兆しはない。〈青海〉の小さな船体には、雪がどんどん積もっていくばかりだ。今に本当の冬が来て、〈青海〉とぼくは雪と氷に埋もれてしまう。それくらい初めから分かっていたことなのに。

三年前のホーン岬上陸、そして今回は南極大陸到達にも成功し、ぼくは勘違いをしたのではないか。この美しい水の星を自由自在に旅するための、知識と技術を手中にした、海を知ったと思い込んだのではないか。〈青海〉

英国ファラデー基地全景。（1996年、ウクライナに売却され、ベルナツキー基地となる）。

とさえ一緒なら、この地球上の、どの海でも渡り、どの大陸にも到達できると、錯覚したのではないか。

ガリンデス島に着いて一二日目の朝、見上げる厚曇りの空は不吉なほど暗くても、恐れていた吹雪と風は、やんでいた。次の雪嵐が来る前に、ルメール水道を再び通り、北に七〇キロほど引き返そう。天気と運に恵まれれば、夕方にはアンベール(Anvers)島に着くだろう。いや、たとえ途中で嵐が来ても、仮に運が悪くても、これまでに多くの困難を克服したように、どうにかして無事にたどり着こう。そこから南極沿岸を離れドレーク海峡に乗り出せば、およそ一か月でブエノスアイレスに着けるのだ。

# 美しさという資源

午前九時、〈青海〉はエンジンの暖機運転を済ませると、英国基地の建物が並ぶガリンデス島を後にした。岸では作業中の隊員が、手を振りながら見送った。

ぼくが二度目に後ろを振り向くと、基地の母屋《おもや》も小屋も発電棟も、広大な海、空、氷の景色に、上下左右からつぶされて、砂粒ほどにも見えていない。南極の白い光があふれる大気の中、ぼくはひとりぼっちになっていた。

北上する〈青海〉がルメール水道の口に達したとき、峡谷の底に続く静まりかえった水面は、左右の険しい峰々と鉛色の空を反射して、完璧な水鏡《みずかがみ》になっていた。上下対称な景色に挟まれた浮き氷も、今日はまばらだ。これならば、夕方までに七五キロ北のアンベール(Anvers)島に着くだろう。絶壁状にそびえる山々の威容を見上げて、ため息をつきながら、エンジンで谷底の水道を走りだす。

二時間後、目前に迫った出口から、猛烈な向かい風が吹いてきた。荘厳な山々を映した水鏡は、たちまち破片となって砕け散り、水道内は白波ばかりに一変した。無数の波頭に紛れて上下する、鋭いガラス状の氷片を、注意深く避けて舵《かじ》をとる。

気がつくと、〈青海〉の背後に平たい丘のような氷山が立っている。振り向くたび、幅と高さをどんどん増している。海中の深い層の流れに運ばれて、風上に移動しているのだ。氷山から逃げようと、急いでアクセルレバーを前に押す。が、あまりにも向かい風が強く、思うように速度が上がらない。

周囲が垂直に切り立つテーブル状氷山は、振り向くたびに距離をどんどん縮め、見上げるほど間近に迫ってきた。青い蛍光色の壁に砕ける一つ一つの白波まで、くっきりと鮮明に見える。波で大きく上下する船体が、少しでも氷壁に接触すれば、表面の突起でたちまち破壊されるだろう。

エンジンの回転数をさらに上げ、氷壁から懸命に離れようと試みる。が、やはりだめだ。これほどの烈風に逆行して進めるわけがない。逃げるのは無理、不可能だ。あと数分で間違いなく衝突してしまう。

ぼくは深呼吸すると、ふと思いつき、逃げるのをやめた。

と同時に船首を横に向け、壮大な氷壁の前を全速力で平行に駆けていく。その間にも、どんどん迫る氷の高い絶壁に、今にも接触しそうになりながら、氷山の端に達すると一気に舵を切って、後ろ側に回り込む。

「ふう、危機一髪で助かった」

そう一安心したとき、谷底のルメール水道内を吹く風は、異常な強度に達していた。水面の所々からは竜巻状の水煙が立ち上り、山々からは、雪が吹き飛んで数百メートルもの壮大な白煙の筋を引く。エンジン出力を最大にしても、子供が歩くほども進まない。

どうしよう、引き返そうか。いや、あと一息、もう少しだけ頑張ろう。運よく風が収まれば、夕刻には目的地に着いて休息できるのだ。

でも、おかしい。水道の出口を通して見えていた、はるか前方の島々が、いつのまにか消えて、灰色一色のスクリーンに変わっている。水道の左右にそびえて並ぶ岩と氷の険しい峰々も、ずいぶん霞《かす》んでいる。ゴーグルが曇ったのか。いや、顔から外しても同じだった。ということは、前方の視界が悪化している。

「あっ、進行方向から吹雪が来るのだ！」

もはや前進は決定的に不可能だ。それどころか急いで引き返さないと、雪に視界を奪われて、後退すらもできなくなる。

「よし、戻るぞ」、掛け声とともに大きく舵を切り、船首を一八〇度回転させる。と同時に、水道の左右にそびえて並ぶ急峻《きゅうしゅん》な山々の輪郭が、水晶のように透明な空気を通し、両目を痛いほど強く刺激した。頂上の険しい黒岩、斜面の微細な突起や凹凸、麓《ふもと》に崩れた青白い氷の質感まで、手に取るようにクリアだ。山々の細密画を映した巨大スクリーンが、目の前に張られているようだ。

吹雪で水道の北側は霞んでも、引き返そうという南側の山々の輪郭は、網膜を傷つけそうなほど鮮鋭だった。美しさという価値の計り知れない資源が、そこには無尽蔵に存在するかのように。

南極の景勝地として名高いルメール水道を北上中。無風時には、氷の浮かぶ鏡のような水面に山々が映り、絶景を見せる。
水道内は水深100 ～ 500mと比較的深く、岸辺を除いて危険な岩は少ないといわれ、船舶の通路として利用される。

# もはや幸運を祈ることしか

ルメール水道内で針路を反転した〈青海〉は、追っ手の烈風に帆をはち切れそうに膨らませ、峡谷の底を全力で駆け戻る。

雪の白い津波は、谷間をどんどん埋めながら、〈青海〉の後を追うように、水道の左右に並ぶ峰々をのんでいく。

二〇分前に折り返した地点も、すでに姿を消していた。雪嵐に追いつかれたら、白一色に包まれて、進路をたちまち見失う。「急げ、ともかく急げ！」

英国ファラデー基地の建設されたガリンデス島に戻るのと、雪が追いついたのとは同時。いや、正確には雪が勝っていた。でも、雪に抜かれたとき、島は声が届きそうなほど近かった。

安全な入江に逃げ込むと、仮の錨《いかり》を下ろし、ゴムボートを急いで岸に漕《こ》ぐ。猛吹雪の中、停泊用ワイヤとロープを肩にかつぎ、入江を囲む丘に這《は》い登る。

雪煙に両手の指は白く消え、目鼻をふさがれて呼吸できないときもある。突風が襲うたび、急斜面の突起をつかんだまま宙に体が浮き上がり、危うく海に転落しそうになりながら、二本のロープを丘の上に留め、大急ぎで〈青海〉に逃げ戻る。

一時間がかりの作業を終えて時計を見ると、すでに朝の出発から一〇時間が過ぎ、全身が重いほどに疲れ、気圧は二〇ヘクトパスカルも下がっていた。

好天は再び訪れるのか。このまま嵐が続けば、南極沿岸を一歩も出られずに冬が来て、海は厚く凍結するだろう。

一〇日前に南半球の秋分が過ぎて以来、昼夜の長さが逆転し、昼は週五〇分の割合で縮まり、日増しに夜の闇が南極を包み込んでいた。南極沿岸を無事に脱出できたとしても、南米まで続くドレーク海峡で、レーダーのない〈青海〉が氷山に衝突する危険は、夜の長さとともに増していく。

粉砂糖のように細かな雪が、どんどん降り積もる〈青海〉の中、氷点の迫った船室で所持品をまとめた。五年の期限切れが近いパスポート、残り少ないトラベラーズチェック、思い出がぎっしりとページに詰まった日記帳、南極大陸で採った記念の石。命より大切かもしれない、でも、資金不足で満足に買えなかった写真のフィルム。それらを背負いバッグに詰めておく。いつでも持ち出せるように、いや、自分に何かあっても、写真と日記だけは残るようにと。

吹雪が弱まれば、四〇〇メートル先の基地までゴムボートを漕いで、なんとか頼んでみなくては。

翌日の晩、母屋《おもや》の入り口で迎えてくれたのは、ベースコマンダー（基地の責任者）を務める科学者だった。越冬態勢に入って二四名の隊員が一〇名に減ったから、廊下も食堂も休日の学校のように静かだった。

暖かい休憩室のソファに腰掛けて、勧められた夜食のハンバーガーに手を伸ばす。雑談しながら、話のチャンスを探っていく。

「南極で二年の任期を過ごす間、世の中はどんどん移り変わるでしょう？　社会の進歩に取り残されて、帰国後に困りませんか？」

「世間では常にいろいろなことが変化して、そのスピードは速い。でも、目先だけのことさ。人間社会の本質的な事柄は、数世紀もかけて少しずつ変わるものだ」

ぼくは一瞬驚いて、彼の顔を見つめた後、話を冬の暮らしに向けていく。

「補給船が再び来るまでの半年間、外部から隔離された狭い基地内で、朝から晩まで同じメンバーと顔を突き合わせて暮らすのは、特殊な体験に思えるのですが」

「そう、いろいろな人から、さまざまなことを学ぶよ」

「……」

「つまり、自分自身についてね」

会話が少し途切れた後、さらに質問するように、ぼくは話を切り出した。

「冬の間、この基地は人手不足では？」

すると心を見抜いたのか、ベースコマンダーは唖然《あぜん》とした顔で、ぼくを見た。

氷山の中には、息をのむほど青いものもある。水面下の体積が約９割を占める氷山は、風よりも潮流や海流によって移動する。風が起こす表面流に運ばれる小型艇から見ると、予想外の動きをすることがある。

# 絶対に勝ってみせる

ガリンデス島の英国基地で、ぼくは頼み込んでいた。

「ここで働かせてください。南極を脱出しようにも、天気が回復しないのです。数日前、嵐の合間に出発したら、すぐまた吹雪で逆戻りでした。このまま本当の冬になれば、ヨットは雪と氷に埋もれます。越冬に必要な食料も燃料もありません」

ベースコマンダーは、少し考えて言った。

「まあ、我々としては最低限、君を見殺しには……」

「何か仕事はありませんか。天気が安定するまで、次の夏まで半年間、基地で働かせてください」

が、気の毒そうに見つめて彼は言う。

「そう頼まれても、君に給料は払えないし、我々には自分たちの仕事がある。隊員の中には、訪問者嫌いもいるね。ともかく急いで帰ったほうがいい。まもなく南極沿岸では海が凍って、脱出不能になるからね」

「いや、海が凍る前に南極から脱出できたとしても、初冬のドレーク海峡を無事に渡って、南米まで帰り着ける保証はないのです。気象海図の統計では、真夏の二月と比較して、風力八を超す嵐の率は四月で四倍、五月は七倍以上に達します。それなのにドレーク海峡に出れば、ヨットは大波にのまれて……」

〈青海〉の平均時速が、五〜六キロなこと。ドレーク海峡を渡る際、一般の船舶と比べて時間がかかれば、かかるほど、嵐や氷山に遭遇する危険が増すことも、彼は分かってくれるだろうか。

当然のように彼は言う。

「ここで越冬するより、急いで南米に帰ったほうがいい」

「でも、それなら、たとえばの話ですが、明日の朝、何らかの理由でヨットのエンジンが故障して、南極から出られなくなれば、そういう場合なら、そういう理由なら、人道的な処置として、夏までここに？」

「基地に頼るつもりで、南極に来るのは、よくないよ」

夜半に基地を去って〈青海〉に戻ると、冷たい船室にともした明かりの下で、ぼくは考え込んでいた。

日本を出発してからの約五年間、町の生活では分からない何かを海から教えてもらおうと、ぼくは命がけの旅を続けてきた。航海の腕を夢中で磨きながら、いろいろな海を渡ってきた。出発直後に体験した、船酔い続きの北太平洋。時の感覚も消えた貿易風の海。暗礁と強風に脅《おび》えて走ったチリ多島海。

そしてホーン岬上陸を試みたときも、マストを折って漂流したときも、ぼくは困難を自力で克服し、あきらめずに航海を続けてきた。夢を実現する途中、壁に突き当たるたび、それをどうにか乗り越えようと、精一杯の努力と工夫を続けてきた。なのに、今回は人に安易に頼ろうとして、拒絶され、それを少し不満に思っている。

全長七・五メートルという小さなヨットで、しかも単独での南極航海は、前例も命の保証もないことを、ぼくは確かに事前に知っていた。それを十分承知のうえ、最悪の場合も覚悟のうえで、南極に向けて帆を揚げた。夢のためなら何も惜しくない、怖いものは何もないと、心を固く決めていた。その思いと覚悟は、今も変わりないはずだ。

ともかく、もう一度、嵐の合間に〈青海〉を北上させてみよう。南極諸島をどうにか抜け出して、南米に向けて帆を揚げよう。もしかすると、ぼくと〈青海〉は決して帰り着けないかもしれない。でも、それでも、ともかく可能な限りのことをしてみよう。

翌日、航海計画の再検討と、エンジンの念入りな点検整備を済ませると、船体や帆の小さな傷もチェックして、最善の準備を整えた。

「今度こそは、絶対に勝ってみせる」

ガリンデス島の入江に停泊中。雲間に朝日が昇りかけている。１週間前まで岩を下っていた水流は、すでに硬く凍っていた。入江は風から比較的よく守られ、夜間は無風の空気中にダイヤモンドダストを見ることもあった。

# 南極脱出の試み

二度目の脱出を試みたのは、ガリンデス島に戻って五日が過ぎた四月四日。北半球でいえば、冬も間近い一〇月の秋だ。幸いにも吹雪のやんだ厚雲の下、北に向けて逃げるように海を駆けていた。

峡谷の底の通り道、絶景で知られるルメール水道には、小さな氷が点々と浮いている。氷片が白く散らばる黒い川状の水面に、〈青海〉の順調に進む航跡が、ホウキで掃いたように付いていく。

だが、白と黒の、すがすがしい霜降り模様の水面には、やがて白が増えてきた。それどころか前方には、おびただしい氷が粗大ゴミの捨て場のように重なり合い、ぎっしりと谷間を埋めている。

冷蔵庫から自動車ほどの氷塊、電車や家のように大きな氷山も見える。凹凸の激しい荒野、白い原野が、谷間に盛り上がって続くようだ。これでは進めるわけがない。

引き返すつもりはなかった。ここであきらめたら、駆け足で迫る冬に捕まり、もしかすると永遠に、氷の南極世界を出られない。

急いでマストに登ると、海面上一〇メートルから、前方の谷間に続く白い原野を見渡した。乱立する氷塊と氷山に視界をさえぎられ、氷の切れ目は見つからない。ただちにマストを下りて船首を横に向けると、氷の縁と平行に進み、通過できる隙間を探していく。だが、水道の北口から吹き込む風と、南口から流入する潮が、大小無数の氷を水道内に押し込んで、水面から盛り上がるほどに詰めている。

白い原野に突入するしか道はない。といって、三・五馬力の小さなエンジンでは、途中で力尽きるかもしれない。でも、それでも、ともかく全力前進を試みよう。あのガリンデス島に再び戻るつもりはない。

覚悟を決めると、小さな氷ばかりの低い所を探し、船首を直角に突き入れた。

すると強烈な摩擦音を響かせて、〈青海〉は氷の原野を微速で切り進む。だが、ぎっしりと谷間に詰まった無数の氷は、一つ一つが押し合うように働いて、船尾に開いた水面を即座に埋め戻してしまうのだ。前進が不可能になれば、引き返すのはさらに難しい。

船首が一歩前に出るたびに、凹凸の激しい原野を注意深く見回して、少しでも低い方向に舵《かじ》を切る。所々に立ち並ぶ家のような氷山は迂回《うかい》して、迷い歩くように、夢中で氷海突破を試みる。

だが、進むにつれて、氷は密度をさらに増してきた。エンジンを全速で回しても、ほとんど前に進まない。ついに〈青海〉は、白い原野で立ち往生した。

エンジンのギアを後進に入れ、引き返そうと試みる。船体は密集する氷に埋もれたまま、わずか五センチも戻らない。身動きできずに、次の嵐が始まれば、波風で動く氷が船体を破壊するだろう。

舵を握り締めると、砕け氷が盛り上がるほど詰まった水面で、今度はUターンを試みる。なんということだ。舵は引いても押しても動かない。氷が船底の下まで潜り込み、ぎっしりと密に詰まっているからだ。

たたくように力を込めてみる。力を入れ過ぎて舵を壊せば、氷の海を永遠に出られない。アクセルレバーを前に押し、船尾の排気口から黒煙が出るほどに、エンジンの回転数を上げていく。限度を超えてピストンが焼き付けば、〈青海〉は航行不能になるだろう。それでも、仮に失敗すると分かっていても、あきらめるつもりは決してない。

船底から突然、激しいガリガリ音が響いた。反射的にアクセルを引き戻す。スクリューの羽根が氷に当たって壊れれば、氷海脱出の可能性はゼロになる。

エンジンの回転数を慎重に上げ、舵を反対方向にも切り返し、氷塊で埋まった谷底の水路で、全力前進を試みる。右手にアクセル、左手に舵を握り締め、ギアを後進に入れて前進に戻し、船首を氷に押し込むように、何度も何度も祈るような気持ちで試行錯誤を繰り返す。突然に響くガリガリ音に、心臓が止まりそうになりながら、ともかく全力前進を試みる。

すると〈青海〉は少しずつ、少しずつ、船首で氷を分けていく。

だが、人間に見えない透明な壁に衝突したように、急停止した。無数の砕け氷に隠れた大きな平たい氷塊に、船首が乗り上げるように衝突したからだ。それどころか次の瞬間、衝突で一度沈みかけた氷塊が、一気に浮上して船首を宙に高く持ち上げた。〈青海〉は左右のバランスを失って、デッキに立つぼくが転びそうなほど、大きく横倒しに傾いた。

とはいえ、心を込めて整備を続けてきたエンジンは、自分の血が通った体の一部のようなエンジンは、止まることも壊れることもなく、完璧に作動していたし、ブエノスアイレスで数か月もかけて補強した船体は、氷塊との強烈な摩擦に耐えていた。ゆっくり、ゆっくりと、注意深く前進を続けると、白い原野は突然終わり、目の前に黒い水面が広がった。

夕暮れ時、アンベール（Anvers）島に着いた〈青海〉は、ペンギンのイラストが付いた石油タンクと三階建ての母屋《おもや》が並ぶ、米国基地の前に錨《いかり》を打った。

「ようこそパーマー基地に。ファラデー基地から出発したと無線連絡がありました。到着が遅いので、皆で心配していたのです。夕食に招きたいので、基地をぜひ訪問してください」

十数人が岸辺に出迎えて、笑顔と続けざまの握手で歓迎してくれた。凍結した地面を歩き、案内されて入った母屋二階の食堂では、ぼくの名前と歓迎の言葉が、黒板に大きく書かれていた。

基地のマネージャーが皆に紹介すると、五〇人近いメンバーから拍手と喚声が湧き上がった。南極というのに、半袖姿の人もいる。今夜はスペシャルディナーの献立で、焼きたてのステーキと、この地では貴重なトマトやレタスの生野菜サラダも並んでいる。

「明日の朝、我々の基地の正面に日本国旗を掲げましょう。南極条約加盟国の旗は、全部そろえてあるんです」

「ぼくもヨットのマストに、アメリカ国旗を掲げますよ。本当にありがとう」

基地は別天地に近かった。初夏のように暖房され、豊富な食べ物と飲み物にあふれ、娯楽室では映画も楽しめて、安全で平和に暮らしている。

ぼくがこれまで海で過ごした日々、これから体験しなくてはならない世界とも、それは全く異質のものだった。皆と一緒に喜劇映画を楽しみながら、次々と飲み物を差し出す彼らの笑顔に囲まれて、そのことを忘れている自分に気がついた。

到着から数日間、氷海航行で疲れた体と心を休めながら、好天の訪れを待っていると、真っ赤な補給船〈Polar Duke〉が陰気な灰色の海に現れて、基地の前に横付けした。気象情報をもらうため、鉄の長い階段を鳴らし、最上階の操舵室《そうだ》を訪ねてみる。付き添ってくれた基地のマネージャーが、〈青海〉の状況を船長に詳しく説明してくれた。

驚きの表情で話を聞き終えた初老のカナダ紳士は、「ブレイブマン(Brave man)」と静かにつぶやき、ぼくの手を優しく両手で握り締めた。

「南極はもう冬に入っている。これまで我々が立ち寄った多くの湾では、すでに凍結が始まっていた。急いで南極沿岸を離れて外海に出ないと、数日以内にヨットは脱出不能になるだろう」

彼は衛星中継された南極の天気図を手に取って、微笑《ほほえ》みながら付け加えた。

「明日はチャンスだからね」

翌朝、パーマー基地と周辺の島々は、一面の青空に覆われた。〈青海〉のデッキに積もった真っ白い毛布のような粉雪が、結晶の一つ一つに日を浴びて、キラキラと一斉に輝いた。

デッキの雪かきを済ませると、ゴムボートを漕《こ》いで基地を訪ね、皆に感謝と別れを告げる。

マネージャーのダンが、ぼくを見るなり食料倉庫に案内してくれた。アメリカ製の袋菓子、新鮮なトマトやオレンジ、缶詰や日本製のゴマ油まで、彼は次々と二個の段ボール箱に詰めてくれる。

ほどなく〈青海〉は島を離れ、砕け氷で埋まった白い水面を外海に向けて走りだす。ぼくは何度も何度も、振り返っては手を振った。そのたびに、よそ見をして船首を氷に乗り上げ、〈青海〉は大きく傾いた。でも、氷の海にはもう慣れている。

黄色い日差しの降る大気の中、白銀色に輝く氷の山々も、インクをかけたように青い氷河の絶壁も、海面に光る純白な浮き氷の塊も、南極で過ごした四〇日間の鮮明な思い出も、全てが後ろに去っていく。

水平線に日が落ちたころ、〈青海〉は南極の島々の間を無事に抜け終えて、初冬のドレーク海峡に進み出た。

暗闇の中、船首を一直線に向けたのは、一〇〇〇キロ北の南米ホーン岬。

明日には激しい嵐が始まって、巨大波にのまれるか、闇の中で氷山に衝突するか、ぼくには未来を見通す知恵も力もないけれど……。

天気と運に恵まれれば、おそらく南米に帰り着けるだろう。いや、たとえ運が悪くても、なんとか、どうにかして陸に戻り着こう。

だが、帰路で何が起きようと、どんな結果に終わろうと、心は澄んで少しの迷いも不安も悔いもなく、満足なことに変わりない。

生きて帰れば成功で、命を失えば失敗か。

成功はよいことで、失敗するのはだめなのか。

命の確かな保証があったなら、おそらく海に出なかった。

外海の大きな大きなうねりの揺れに、久しぶりに全身を抱かれて、生まれる前に還《かえ》ったように、奇妙なほど心地よい。

振り返った夜空には、氷に覆われた山々が、闇に自ら光を発するように、ぼうっと薄白く、あの世か夢のようにそびえている。

米国パーマー基地全景。

# 誤算の南極氷海前進

Episode
37

南極航海の試み

ルメール氷道をエンジンで走行中。海面と陸との境に続く「リード」と呼ばれる細長い水面に向け、氷を押し分けながら進む。摩擦でFRP製の船体に穴が開かないよう、船首と船腹をステンレスで補強してある。

ルメール水道北口付近。前方左奥に、目指すアンベール（Anvers）島が輝いている。氷塊を迂回（うかい）しながら開水面を進むが、その黒い水面も数百m先で終わっているようだ。

誤算の南極氷海前進

Episode 37

# 南極脱出の試み

米国パーマー基地を出発後、ドレーク海峡に向けて前進中。

EPILOGUE

# あとがき

南極を離れた〈青海〉とぼくが、爪に段が付くほど消耗する航海の末、三〇〇〇キロ北のブエノスアイレスに戻り着き、アフリカやオーストラリアを経て日本に帰ったのは、さらに四年が過ぎた北半球の夏でした。

ヨットから陸に上がり、町に住み始めると、海とはずいぶん違うことに気づきます。頭上から波が襲って海に落ちそうになることも、数メートルも上下する船室で転んで怪我《けが》することも、嵐を心配して人の顔色をうかがうように空を見上げることも、座礁の恐怖に震えて過ごす闇の夜も、もうありません。航海中のぼくは、海という広大な原野の中、天敵に脅えて暮らす小動物のようでした。

人という生き物は、いつのころから、ほかの動物に捕食される不安もなく、自然の力に脅えることもなく、日々を送っているのでしょう。天敵も自然の力も恐れず、むしろ忘れ、町という群れの中で安全に暮らすのは、幸せなことかもしれません。でも、そういう生活が続く間に、遠い昔の記憶、もしかすると恐竜か何かに追われていた祖先の時代のこと、自然界で存続するために不可欠な掟《おきて》や、勇気や、態度や、感性のようなもの、今後の人類にも同様に大切なことを、忘れてしまった気がするのです。

そんな思いを強く抱くのは、町という住み慣れた世界をヨットで飛び出したせいかもしれません。ひとりきりで自然の美しさと厳しさの中に生きる間に、感覚がしだいに研ぎ澄まされ、狭い町の常識が地球の常識ではないことを、体の全ての部分で直感したせいかもしれません。人工物のない大洋の真ん中を走りながら、強烈なオレンジに燃える太陽や、海面を銀色に光って吹く風が、はるかな太古からあると実感したとき、我々の住む現代社会の常識が、四十数億年も続く地球の常識ではないことを、心で直接理解したのかもしれません。

それらの詳細を語る力は、ぼくにはもちろんありません。おそらく言葉になり得ないもの。肌や筋肉や、もしかすると内臓の一部で感じ取る、あるかないかさえ不確かな、言語や記号に変換できない種類のものでしょう。

とはいえ、長い視点で考えれば、地球に住む人々の運命をも決めることだから、たとえ言葉で表現できなくても、どんなに困難でも、なんとかしてあ世界一周の単独航海を終え、外敵から守られた安全な町で暮らす今、もう一つの思いも、抑えきれなく心の真ん中に湧くのです。命の保証がなかった航海の日々、冬山のように白く泡立つ嵐の海、南極で衝突した青い氷の恐ろしさ、マストを折って漂流した漆黒の夜、それらは本当に現実だったのかと。――長い長い夢を見ていたようにも思うのです。

でも、よく考えてみると、ぼくはあのとき、地球という美しい水の星に、自分が本当に生きて存在する現実を、両目と肌、間違いなく全身で鮮烈に感じていた。これだけは疑いようもないのです。

ならば、あれが現実なら、あの命がけの航海が夢でないなら、平和な町で暮らす今こそ夢に違いない。ぼくはやはり、陸に戻り着けずに別の世界に入ったのかと、不思議な気持ちになるのです。そして現実も夢も、生きていることも死んでいることも、結局は区別がないのだと、半ば本気で思いもしたのです。

## 参考文献


青木洋（1974）「第3章・やった！ ホーン岬を越えた」、『海とぼくの「信天翁」─手づくりヨットで世界一周』PHP研究所。

片岡佳哉（1987）「天国と地獄と・チリの多島海をゆく」、『月刊舵』1987年2月号、p221-225、舵社。

同（1988）「南極ひとり旅」、『月刊舵』1988年2-7月号、舵社。

同（2010-2014）「Blue Water Story」、『月刊舵』2010年3月号-2014年1月号、舵社。

栗原景太郎（1970）「第8章マゼラン海峡に挑む」、『白鴎号航海記』文藝春秋。

ハル・ロス（1978）『ホーン岬への航海』（野本謙作訳）海文堂。

「Ocean Adventure・決死のダブル上陸」（1987）『月刊舵』1987年2月号、p156-158, 舵社。

「独りで海に出る・青海」（1993）『月刊Cruising World Japan』1993年12月号、p30-33、舵社。

「ヘビーデューティー・マリンウェアを考える─片岡佳哉さん」（1991）『月刊Cruising World Japan』1991年12月号、p91、舵社。

Rolfo, M., & Ardrizzi, G. (2007) . ***Patagonia & Terrra del Fuego Nautical Guide,*** 2nd Edition. Roma: Editrice Incontri Nautici s.r.l.

***A visitor's introduction to the Antarctic and its environment.*** (1983) . UK: British Antarctic Survey.

***Antarctic: The work of the British Antarctic Survey.*** (1983) . UK: British Antarctic Survey.

Ice. (1973) . ***The Mariner's Handbook,*** 4th edition Chapter 6 . Somerset England: The Hydrographer of The Navy.

***Sailing Directions for South America,*** Volume 2. (1976) . Washington: Defense Mapping Agency Hydrographic/Topographic Center.

***Sailing Directions for South America,*** Volume 3. (1976) . Washington: Defense Mapping Agency Hydrographic/Topographic Center.

***Sailing Directions for Antarctica.*** (1976) . Washington: Defense Mapping Agency Hydrographic/Topographic Center.

***The Antarctic Pilot.*** (1974) . The Hydrographer of The Navy. Somerset England: The Hydrographer of The Navy.


## 航海日程

| | |
|---|---|
| 1981.08.04 | 宮城県陸前浜田港から、世界一周航海に出発。太平洋横断開始。 |
| 10.01 | 北米サンフランシスコ着。 |
| 1982.05.03 | 南米チリに向け出発。赤道を越える3か月の航海。 |
| 1982.08.07 | チリ国境の町アリカ着。 |
| 12.13 | チリ多島海に進入。 |
| 1983.03.22 | マゼラン海峡通過。 |
| 1983.04.15 | ホーン岬上陸。 |
| 07.25 | アルゼンチンのマルデルプラタ着。後に首都ブエノスアイレスに移動。 |
| 1985.03.08 | 南極を目指し、ブエノスアイレス発。後に南大西洋で転覆。マスト破損。 |
| 03.28 | マルデルプラタ着。後にブエノスアイレスに移動。 |
| 1986.01.27 | 南極に向けてブエノスアイレスを再出発。 |
| 02.28 | 南極のデセプション島着。 |
| 03.15 | 南極大陸上陸(パラダイス湾)。 |
| 04.08 | ブエノスアイレスに向け、南極を出発。 |

**片岡佳哉**（かたおか・よしや）

1953年、岩手県盛岡市生まれ。東北大学在籍中にヨットに出合う。卒業後、ソフトウェア技術者として一度は就職するも、世界一周の夢をあきらめきれず、中古の小型ヨットで日本を出発。太平洋横断、マゼラン海峡を含むパタゴニア航海、日本人初の南極単独航海の後、8年がかりで世界一周を遂げた。

[ヨット青海]
http://aomi-sailing.com/

**ブルーウォーター・ストーリー**
**たった一人、ヨットで南極に挑んだ日本人**

2015年6月18日　第1版 第1刷発行

著　者　片岡佳哉
発行人　大田川茂樹
発　行　株式会社　舵社
〒105-0013
東京都港区浜松町1-2-17
ストークベル浜松町
電話：03-3434-5181
装　丁　鈴木洋亮
印　刷　株式会社　シナノ パブリッシング プレス



ISBN978-4-8072-1050-3